Mein spirituelles Wörterbuch

Carlo Maria Martini

Mein spirituelles Wörterbuch

Pattloch

Die Deutsche Bibliothek – CIP-Einheitsaufnahme

Martini, Carlo Maria:
Mein spirituelles Wörterbuch / Carlo Maria Martini.
[Übers. aus dem Ital. von Karl Pichler]. -
Augsburg : Pattloch, 1998
Einheitssacht.: Dizionario spirituale <dt.>
ISBN 3-629-00823-2

Titel der italienischen Originalausgabe:
„Dizionario Spirituale – Piccola guida per l'anima"
© 1997 Edizioni Piemme S. p. A.
Via del Carmine, 5
15033 Casale Monferrato (AL)
Italien

Übersetzt aus dem Italienischen
von Dr. Karl Pichler, München

Deutsche Lizenzausgabe:
Pattloch Verlag, Augsburg
© 1998 Weltbild Verlag GmbH
Titelgestaltung: Daniela Meyer, Pattloch Verlag, Augsburg,
unter Verwendung eines Fotos von KNA-Bild, Frankfurt
Satz: Collinus Verlagsbüro, München
Druck: Ebner, Ulm
Printed in Germany

ISBN 3-629-00823-2

Vorwort

Als der französische Philosoph und Aufklärer Pierre Bayle 1697 sein „Dictionnaire historique et critique" herausgab, lebte er noch im Glauben, das gesamte philosophische, theologische und philologische Wissen seiner Zeit bündeln und gültig aussagen zu können. 300 Jahre später ist die Welt und das Wissen darüber zerfallen, atomisiert in ungezählte Segmente, in denen sich nurmehr hyperspezialisierte Fachleute auskennen. Das Verzeichnis lieferbarer Bücher verzeichnet heute genau 3337 Einträge unter dem Stichwort „Wörterbuch", darunter so nützliche Werke wie ein Zementwörterbuch, ein Wörterbuch des Brandschutzes oder eines der Optometrie. Nun legt der Mailänder Kardinal Carlo Maria Martini mit diesem Werk ein „Dizionario Spirituale" vor. Eine weitere kuriose Spezialisierung in einem noch abseitigeren Fach?

Keineswegs. Dies hier ist nun gerade kein Werk für Spezialisten! Dieses Wörterbuch artikuliert ein Thema, das für jeden Menschen von existentieller Bedeutung ist. Es geht der Frage nach: Wie gewinne ich mein Leben? Der darauf eine ebenso facettenreiche wie gegründete Antwort gibt, ist ein Meister seines Faches. Ein Meister der Spiritualität ist freilich keiner, der sich seine Meriten in Bibliotheken, Archiven und Universitätsseminaren verdient hat. Folgt man Meister Ekkehart, so sind hier die Lebensmeister und nicht die Lesemeister gefragt. Kardinal Martini ist zwar auch ein Wissenschaftler von internationalem Ruf, aber seine Kompetenz basiert weniger darauf als auf seiner ausstrahlenden Persönlichkeit. Und diese Ausstrahlung gründet in der Geschichte eines Mannes, der heute zwar in der ersten Reihe der kirchlichen Hierarchie steht, darüber aber nie vergessen hat, daß er, der Jesuit, nach wie vor Ordenschrist ist, demütiger Sucher nach seinem Herrn, einer, der sich in einem Experiment ohne Widerruf, im Gottesversuch begreift.

Kardinal Martini ist als spiritueller Lehrer und geistlicher Führer heute weltweit gesucht, weil er eben gerade kein Kirchenfürst ist, der die Weisheit „in possessione" hat und sie großmütig unters Volk streut. Die Texte dieses Wörterbuchs von Kardinal Martini sind ein sehr persönlicher Versuch, einmal zu definieren, was trägt. Der Versuch, den müdgelebten Begriffen, die es eben auch im Bereich der Spiritualität gibt, neues Leben einzuhauchen.

Nun ist es das zentrale Merkmal eines traditionellen Wörterbuchs, daß es so objektiv wie möglich gehalten ist. Dieses Kriterium erfüllt das vorliegende Buch bewußt nicht. Spiritualität ist nämlich nicht objektiv. Objektiv ist vielleicht die Theologie. Aber die Übersetzung ihrer Themen in Leben und Lebensgeschichten ist Subjektivität in radikalster Form. Das meint nicht: Willkür. Es meint: letzte Betroffenheit.

Jeder Christ, der sein Christentum wirklich lebt, müßte eigentlich ein solches ganz persönliches Wörterbuch schreiben können – und es würde sich vermutlich zeigen, daß die vielen Subjektivitäten im Maße übereinstimmen, wie die Lebensversuche radikal waren. Vorerst sind wir dankbar, in das spirituelle Wörterbuch eines Menschen schauen zu dürfen, der sein Leben in großer Konsequenz in Peilrichtung gebracht hat. Das macht Mut, sich selbst neu zu definieren. Lesen genügt nicht. Die Wörter müssen wir leben.

Der Verlag

Almosen

Wir sollten den Wert des Almosens wiederentdecken. Ich verstehe darunter die spontane Hilfe, die nicht den Anspruch erhebt, einen Problemfall umfassend zu lösen, sondern das tut, was im Augenblick möglich ist. Natürlich kann ein solches Handeln zweideutig sein. Womöglich fördert es beim Empfänger Arbeitsscheu und Unredlichkeit, während es beim Geber das Gewissen beruhigt, ohne daß er sich mit dem Problem ernsthaft befaßt. Wer Almosen gibt, sollte also die Situation ganz realistisch einschätzen. Vor allem aber darf das Almosen nicht zum Ersatz werden für eine gründlichere und wirkungsvollere Lösung. Dann ist das Almosengeben, auch wenn die Risiken nicht zu leugnen sind, reich an Werten.

Wer Almosen gibt, läßt erkennen, daß er die Wirklichkeit sieht, wie sie ist: Es gibt auch in unserer Gesellschaft Fälle von Armut, die mit Sozialpolitik nur schwer zu erfassen und zu beheben sind. Ja, es sind gerade bestimmte Mechanismen unserer Fortschritts- und Wohlstandskultur, die zur Folge haben, daß Menschen ausgegrenzt, gesellschaftlich an den Rand gedrängt oder sogar asozial werden. Selbstverständlich muß etwas unternommen werden, die Mechanismen so zu verändern, daß sie nicht von sich aus negative Ergebnisse hervorbringen, und wenn sie doch eintreten, muß alles getan werden, daß ihnen sozialpolitisch abgeholfen wird. Es muß aber auch schon vorher etwas getan werden. *Was* von Fall zu Fall getan werden kann, gibt die Nächstenliebe zu erkennen.

In diesem Tun von Fall zu Fall, das sehr gut weiß, daß viel mehr getan werden müßte, zeigt sich ein weiterer Wert des Almosens: Almosengeben ist eine prophetische Handlung, die zugleich eine mahnende und erzieherische Wirkung hat. Es macht deutlich, daß keine irdische Gesellschaft, wie vollkommen sie auch organisiert sein mag, alle Probleme lösen kann. Allein Gott wird beim Kommen seines Reiches alle Tränen trocknen und aller Trauer und jedem Schmerz ein Ende bereiten. Insofern mahnt uns das Almosen, den Brüdern und Schwestern in Demut gegenüberzutreten. Wir sollen nicht meinen, über ihnen zu stehen, sondern sie um Verzeihung bitten, daß wir nur so wenig für sie tun können. Damit lernen wir dann auch, den wahren Wert der Nächstenliebe zu begreifen: Die Nächstenliebe hat ihren Wert nicht nur und auch nicht hauptsächlich in den Früchten, die sie bringt. Sie ist in sich und für sich selbst wertvoll.

Alter

Das Altern bringt den Menschen in eine ernste und schwierige Situation. Es konfrontiert uns mit einem grundlegenden Problem, das mit dem menschlichen Leben gegeben ist. In den unvergeßlichen Worten aus dem letzten Kapitel des Buches Kohelet wird dies so ausgedrückt: „Denk an deinen Schöpfer in deinen frühen Jahren, ehe die Tage der Krankheit kommen und die Jahre dich erreichen, von denen du sagen wirst: Ich mag sie nicht!" (Koh 12,1). Dieser Text der Bibel drückt drastisch aus, welcher Ernst im Altwerden des Menschen liegt. Altwerden ist nicht reduzierbar auf das Voranschreiten der Zahl der Jahre. Es besteht vielmehr in dem Drama, das jeder von uns erlebt oder erleben wird: daß die körperlichen und seelischen Kräfte nachlassen und sich die Widrigkeiten und Gebrechlichkeiten vervielfachen. Das damit verbundene tiefe Leid ist oft nur schwer nachvollziehbar.

Bewältigt werden kann dieses Drama nur von dem Betroffenen selbst. Es gibt keine äußerliche Hilfe, die die Verzweiflung der Alten verhindern könnte. Jeder muß für sich selbst aus seinem eigenen Inneren neue Lebenskraft schöpfen und sich den ewigen und endgültigen Werten zuwenden. Nur so lassen sich die Widerwärtigkeiten überwinden und der Schmerz des Schwindens der vergänglichen Werte ausgleichen.

Die Menschen müssen begreifen lernen, daß es möglich ist, neue Kraft zu schöpfen, auch wenn man, in Begriffen der Effizienz, unvermeidlich an „Schlagkraft" verliert. Weisheit und Reife sind beständige Werte.

Es ist äußerst schwierig, den Menschen mit gehaltvollen Worten zu helfen, aber wir sollten den Mut dazu aufbringen. Grobe Worte sind fehl am Platz, aber ebensowenig hilft billiger Trost. Wir müssen die Mitte finden, das Wort, das von der Liebe getragen ist. Wir müssen das Wort finden, das feinfühlig den springenden Punkt trifft und den Betroffenen aufatmen läßt. Er befindet sich in einer dramatischen Situation, die für den Außenstehenden nur schwer nachvollziehbar ist. Vielleicht kann man sie mit der Situation Jesu im Garten Getsemani vergleichen. Es ist die Situation, in der der Mensch vor die Entscheidung gestellt ist, ob er sein schweres Schicksal annimmt.

Anbetung

Verstehen wir wirklich, worin der eigentliche Sinn der eucharistischen Anbetung besteht?

Sie ist eine kultische Handlung, mit der wir in der Gegenwart Christi, der sein Leben für uns hingegeben hat, unserem Staunen Ausdruck verleihen. Wir staunen über seine grenzenlose Liebe, derer wir nicht würdig sind und mit der er uns dennoch aus grenzenloser Barmherzigkeit in unserer Armseligkeit beschenkt.

Die eucharistische Anbetung ist „Kult" und „Kultur" im tiefsten Sinn des Wortes. Wer von Kultur und der notwendigen Voraussetzung von Kultur spricht, meint damit, daß es bestimmte Grundhaltungen zu „kultivieren" gilt, ohne die eine wirkliche und das Leben prägende Kultur nicht bestehen kann. Die eucharistische Anbetung ist nun genau die Kultivierung der Haltungen der Demut, der Gesinnung der Armut, der Dankbarkeit und der Danksagung (wie die wörtliche Übersetzung von „Eucharistie" lautet). Sie ist das von Verwunderung und Staunen erfüllte Dankgebet angesichts der Gabe Gottes.

Diese in der eucharistischen Anbetung kultivierten Haltungen helfen uns dann auch, die heilige Messe und die Kommunion tiefer und fruchtbarer zu erleben. Man könnte den Gedanken sogar noch ausweiten: Die eucharistische Anbetung ist nicht nur dafür von Bedeutung, daß die Eucharistie ihre Wirkung in uns entfalten kann, sondern auch dafür, daß das Wort Gottes in uns wirksam werden kann. Dieses Wort ist eine Gabe, die immer auch etwas von der Unvorhersehbarkeit Gottes einschließt und für uns Unvermutetes bereithält. Es erweist sich als lebendiges Wort, das uns, wenn wir wirklich hinhören, immer wieder Neues zu sagen hat.

Angst

Wenn wir uns umsehen und fragen, unter welchen Übeln die Gesellschaft Europas heute vor allem leidet, werden wir feststellen: es sind Angst und Furcht. In Ländern, wo ethnische Gruppen mit unmenschlicher Grausamkeit einander bis aufs Blut bekämpfen, ist es die Angst, die Heimat zu verlieren (denken wir nur an das schreckliche Drama im früheren Jugoslawien). In manchen Ländern herrscht Angst um den eigenen Wohlstand (denken wir an die rassistischen Krawalle gegen Zuwanderer in Deutschland) oder (zum Beispiel in Italien) die Angst, der wirtschaftliche Aufschwung könne dadurch gefährdet werden, daß das Staatsschiff ins Schlingern gerät.

Was ist von diesem vorherrschenden Gefühl der Angst, die früher oder später jeden überkommt, zu halten?

Es ist eine Angst, die wir nicht ohne weiteres gänzlich loswerden können, weil sie etwas mit der Freiheit zu tun hat. Wird die Freiheit absolut gesetzt, gibt es keine Ordnung und keine Prioritäten mehr, alles wird unsicher und ungewiß, alles fällt auf meine Schultern und erdrückt mich, ich kann mich auf niemanden mehr verlassen. Es ist die Verzweiflung der absolut gesetzten Freiheit, die kein Fundament und keinen Bezugspunkt mehr hat.

In dieser Situation kann ein Gedanke des hl. Ignatius weiterhelfen: Wenn ich nach einem Fundament für diese Freiheit suche, wenn ich beginne, mich mit meiner Angst auseinanderzusetzen und sie auszuhalten, dann beginne ich, diese Angst zu überwinden. Ich erfahre, daß das Fundament meiner Freiheit Gott ist, der mich liebt, der mich geschaffen hat, der mich kennt. Er ist es, der mich als Kind angenommen hat, der mich frei macht und mir den Weg weist. Wenn ich in die Zukunft blicke, weiß ich, daß meine Freiheit in der Hand Gottes liegt, der mich ruft und mich führt. Blicke ich auf die Gegenwart, erfahre ich, daß Gott mir die Freiheit schenkt, daß er mich gewissermaßen anfeuert und wünscht, daß ich mich in meiner Freiheit bewähre. So wird meine Freiheit eine situierte Freiheit; meine negativen Gefühle der Angst und der Furcht verflüchtigen sich nicht, denn das Leben ist insgesamt hart und beschwerlich, aber Angst und Furcht werden auf das rechte Maß zurückgeführt. Ich weiß, wem ich mich anvertrauen kann, auf wen ich mich verlassen kann, auf wen ich mich stützen kann.

Annahme

„Brüder, nehmt einander an, wie auch Christus uns angenommen hat" (Röm 15,7). Der Ausdruck „*einander annehmen*" bezieht sich hier auf zwei Gruppen in der römischen Christengemeinde, an die Paulus seinen Brief aus der Anfangszeit des Christentums schreibt. Sie unterscheiden sich voneinander und stehen in bestimmter Hinsicht zueinander im Gegensatz: die „Hebräer" und die „Heiden", das heißt Christen, die aus dem Judentum, und Christen, die aus dem Heidentum kommen.

Die Ermahnung schließt die Ausführungen über das Hauptthema des langen Briefes an die Römer ab: Wenn der Mensch gerettet ist durch den Glauben an Jesus Christus, dann gibt es zwischen den ethnischen oder rassischen Gruppen in der Kirche, in der Geschichte und in der Welt keinen Unterschied mehr, denn dann sind alle gleichermaßen gerettet, und sie müssen sich alle gegenseitig annehmen.

Was sagt diese vor 1900 Jahren geschriebene Ermahnung uns heute? Was sagt sie unserer Welt, was bedeutet sie in unserer historischen, politischen und gesellschaftlichen Situation?

Sie sagt nichts anderes als damals: Wir sollen einander annehmen, wie auch Christus uns angenommen hat.

Damals ging es um Hebräer und Heiden, Juden- und Heidenchristen. Heute geht es um Hebräer und Nichthebräer, Juden und Araber, Christen und Muslime. Wir alle sind von Gott angenommen und geliebt. Jenseits aller Verschiedenheit gibt es die barmherzige Liebe Gottes für die einen wie die anderen.

Sicher muß jeder den Weg seiner Religion gehen, jeder muß den Sinn des Geheimnisses Gottes immer tiefer zu begreifen versuchen, und wir müssen um Einsicht in das Geheimnis Christi ringen. Wichtig ist aber vor allem: Am

Anfang steht eine barmherzige Liebe, die uns drängt, uns antreibt und uns verpflichtet, einander anzunehmen, miteinander zu sprechen und einander zu lieben.

Arbeit

Wie soziologische Untersuchungen bestätigen, greifen in unserer Gesellschaft – vor allem unter jungen Menschen – Formen der Abneigung gegenüber der Arbeit immer mehr um sich. Es handelt sich um ein Faktum, das eine umsichtige Interpretation verlangt. In den meisten Fällen handelt es sich nicht um eine Ablehnung der Arbeit als solcher, sondern einer bestimmten Form von Arbeit, der Arbeit nämlich, der sich kein vernünftiger Sinn abgewinnen läßt.

Die Zurückweisung enthält implizit die Forderung, die beträchtliche Zeit unseres Lebens, die wir mit Arbeit verbringen, solle „qualitativ" zufriedenstellend sein, die Arbeitszeit solle unter Bedingungen stehen, die den Einsatz des Lebens rechtfertigen. Es handelt sich also um eine ethische Forderung, sofern man unter Ethik das versteht, was mit der Begründung eines Lebensstils und der konkreten Formen seiner Umsetzung zu tun hat.

Es gibt viele Hinweise, die diese Interpretation bestätigen, zum Beispiel das verbreitete Interesse für das Freiwillige Soziale Jahr: Es handelt sich dabei um eine Arbeit, bei der Bezahlung, Sozialprestige und materielle Sicherheit hinter Motivationen zurückstehen, die nicht nur postmaterialistisch, sondern spezifisch ethisch sind wie Solidarität mit den Schwachen, mit den Pechvögeln, mit den Wehrlosen.

„Wer sein Leben retten will, wird es verlieren; wer aber sein Leben um meinetwillen verliert, wird es retten" (Mk

8,35). Diese Worte sind, bevor sie noch im Evangelium schriftlich festgehalten wurden, gewissermaßen in das Herz eines jeden Menschen eingeschrieben.

Es mag paradox erscheinen, aber – daran erinnern die Worte des Evangeliums, und sie werden durch die Erfahrung laufend bestätigt – der Mensch findet sich selbst, wenn er sich selbst vergißt. Es gelingt ihm nur dann, die ihn bedrängende Unruhe und die Angst zu überwinden, wenn er Grund und Rechtfertigung für seine Entscheidungen außerhalb seiner selbst und eben nicht im ausschließlichen Verfolgen des eigenen Vorteils sucht.

Wo das Leben in der Hilfe und im Dienst am Nächsten großmütig hingegeben wird und damit anscheinend verloren ist, wird es gewonnen.

Es ist dies das denkbar höchste ethische Kriterium, das auch für die Beurteilung der „Qualität" des Lebens des einzelnen und der Gemeinschaft gilt.

Einen entscheidenden Beitrag zu dieser Lebensqualität liefert heute, im guten wie im schlechten, die Arbeit.

Armut

Die Armut des Christen verwirklicht sich nicht in Gesten und Handlungen, sie wird vielmehr von den Werten des Reiches Gottes bestimmt, deren Ausdruck sie ist. Unterscheidungskriterium unserer Armut ist das Leben Christi, seine „würdevolle Armut und Einfachheit" während seines öffentlichen Wirkens und seine Hingabebereitschaft.

Wir leben in einer widersprüchlichen Gesellschaft. Auf der einen Seite produziert sie geradezu immer von neuem Arme, Randständige und Verlierer, treibt Menschen in die Verlassenheit und Verzweiflung. Christliche Armut leben heißt in dieser Situation, für diese unsere Brüder und

Schwestern zum lebendigen Zeichen der Solidarität und der Hilfe zu werden.

Andererseits leben wir in einer Gesellschaft des Überflusses, ausgesetzt den Gefahren des Wohlstands sowie den Risiken und Attraktionen des Konsumismus. In dieser Gesellschaft muß unser Armsein eine andere Gestalt annehmen. Unsere Armut muß sich von dieser Welt unterscheiden, zur Kritik an der Welt werden, die uns umgibt, sie muß zum Zeichen einer anderen Wertschätzung von Personen und Gütern werden.

Die Erfahrung zeigt, daß der Weg der Armut zugleich ein Weg der Befreiung, der Freude und der Begeisterung ist; diese Erfahrung verbindet uns aufs engste mit Christus, sie läßt uns auf unvorhergesehene Weise die Kraft des Kreuzes erfahren, die auch in völlig festgefahrenen Situationen Erneuerung möglich erscheinen läßt.

Wer ein wenig von dieser Freude erlebt, wer Aufmerksamkeit übt und sich einläßt auf ein Leben in Schlichtheit, Bußgesinnung und Entsagung, der entdeckt in diesem Augenblick die Seiten des Evangeliums ganz neu. Ohne diese Bemühung bleiben sie stumm. Wer aber einen Schritt in diese Richtung geht, für den werden die Worte Jesu aktuell. Sie beginnen zu klingen und gewinnen Gewicht und Bedeutung. Wir spüren dann, daß wir etwas von der Freude und der Begeisterung der Zwölf erleben, die in der Nachfolge Jesu über die Straßen Palästinas gewandert sind: „Meister, wir haben alles verlassen und sind dir nachgefolgt."

Auferstehung

Die Auferstehung Jesu Christi offenbart uns den Sinn der ganzen Menschheitsgeschichte und alles dessen, was wir Tag für Tag erleben; offenbar wird dieser Sinn in dem

Wort der Hoffnung, das Petrus in der in der Apostelge-schichte berichteten Pfingstpredigt verkündet: „... denn es war unmöglich, daß er vom Tod festgehalten wurde" (Apg 2,24).

Diese Aussage ist erstaunlich: Warum sollte dies unmög-lich gewesen sein? Bedauerlicherweise haben wir uns daran gewöhnt, daß der Tod nicht nur möglich, sondern geradezu unvermeidlich ist, zusammen mit all dem, was zum Tod dazugehört: Trauer, Haß, Krieg, Zerstörung. Aber in der Predigt des Petrus heißt es, daß das Geheimnis Gottes im auferstandenen Christus der Sieg über den Tod ist und über alles, was er für unser Leben an Trauer mit sich bringt.

Die Auferstehung Jesu Christi offenbart, worauf die Wirklichkeit des Menschen ausgerichtet ist: Der Mensch ist auf das Leben ausgerichtet und darauf, daß seine Freiheit in jedem von uns ihren vollen Ausdruck findet.

Die Auferstehung Jesu Christi stellt unsere Freiheit wie-der her, heilt sie von ihren Illusionen und lenkt sie in der Geschichte auf das wahre Ziel. Sie setzt uns instand, mit der Liebe Gottes, der allem das Leben schenkt, mitzuwirken. So warten wir ergeben und tatkräftig auf jene Auferstehung aller Menschen und der ganzen Schöpfung, die mit der Auf-erstehung Jesu Christi schon begonnen hat, aber ihre Voll-endung und leuchtende Manifestation erst findet, wann und wie der Vater es will.

Aufmerksamkeit

Aufmerksamkeit ist eine wachsame Haltung gegenüber den anderen, ein Blick, der nicht an der Oberfläche haften bleibt, sondern sensibel Anzeichen des Leids um sich herum wahrnimmt.

Aufmerksamkeit zeigt sich darin, daß das Herz erschrokken zusammenzuckt, wenn der geschuldete Respekt, die Achtung vor der Person verletzt wird. Zeichen der Aufmerksamkeit kann zum Beispiel sein, mit dem Auto oder dem Fahrrad vor dem Zebrastreifen stehenzubleiben, wenn ein Fußgänger die Straße überqueren will, und ihn nicht wie einen Kegel zu umkurven.

Aufmerksamkeit ist es, nicht zu rauchen, wenn es für die anderen eine Unannehmlichkeit bedeutet. Aufmerksamkeit üben heißt sich selbst und den Ereignissen gegenüber eine angemessene Distanz einzunehmen, um besser verstehen zu können, was tatsächlich vor sich geht.

Aufmerksamkeit ist letztlich Liebe, wahrhafte, feinfühlige, uneigennützige und zuvorkommende Liebe.

Aufmerksamkeit ist die Haltung einer Mutter gegenüber dem in ihr heranwachsenden Leben, die Haltung eines Vaters gegenüber dem Kind, das im angrenzenden Hof spielt; Aufmerksamkeit ist die Haltung eines höflichen Gastes, der unbefangen, aber nicht zudringlich ist.

Und diese Aufmerksamkeit ist schließlich – als allgemein menschliche Eigenschaft – eine notwendige Voraussetzung für das geistliche Leben.

Augen

Das Öffnen der Augen ist der Beginn der wiedergefundenen Brüderlichkeit, der Übergang von der Feindschaft und dem Mißtrauen zum Wiedererkennen des Menschen, des Freundes.

Ein schönes Beispiel für wiedergefundene Brüderlichkeit ist die Szene in der Genesis, in der Josef wiedererkannt wird bzw. sich von seinen Brüdern wiedererkennen läßt. Solange sie von Angst und Furcht beherrscht werden und Josefs pharaonischer Glanz ihnen Schrecken einjagt, erkennen sie ihn nicht, aber dann kommt der Moment, wo sie ihn als Bruder wiedererkennen. Die erneuerte menschliche Brüderlichkeit wird in der Erzählung symbolisch mit dem Öffnen der Augen ausgedrückt: Der Mensch lebt in bestimmten Situationen wie ein Blinder und öffnet dann die Augen.

Wenn wir jetzt von der anthropologischen zur heilsgeschichtlichen Ebene übergehen, wird das Symbol in seiner Bedeutung und in seinen Bezügen noch reicher.

Die Augen öffnen sich für das Heil: Dieses Thema klingt in der Schrift immer wieder an. Daß der Mensch sich den Schätzen der Gebote, des Gesetzes öffnet, ist die eigentliche Öffnung der Schriften.

Der hl. Paulus sagt uns im Zweiten Korintherbrief, daß die Augen der Juden, die die Schrift lesen, verhüllt sind, daß aber, wenn Christus kommt, die Hülle entfernt wird und sich die Augen öffnen (vgl. 2 Kor 3,12.14).

Die Schrift kann mit verbundenen Augen (das heißt: ohne daß der Sinn verstanden wird) und mit unverbundenen Augen gelesen werden. Die Öffnung der Augen ist jedoch ein Geschenk, eine Gnade. Es ist der Heilige Geist, der die Augen öffnet, der Geist, den der Auferstandene uns geschenkt hat.

Ausländer

Unsere Städte bieten oft ein trauriges Bild. Wir spüren die Beunruhigung über die Störungen im Zusammenleben, die Beklemmung wegen wachsender Umweltverschmutzung, den Überdruß an der Politik, das Desinteresse am Leben. Vor allem, wer krank, schwach und alt ist, findet kaum irgendwo Teilnahme. Und es gibt vielleicht auch eine Art Übersättigung gegenüber einem „Zuviel" an Vorschlägen, Ablenkungen, Vergnügungen.

Sowohl die Allgemeinheit wie die einzelnen tendieren dazu, sich angesichts all dieser Probleme auf sich selbst zurückzuziehen. Die Irritation und die Unzufriedenheit mit einer Wirklichkeit, mit der man nicht zurechtkommt, wird auf den „anderen", den Fremden abgewälzt.

Doch die Ausländer, die in unsere Städte strömen, sind ein kostbares Zeichen der Zeit, das uns wachrufen und zur Selbstprüfung auffordern sollte. Ihre Anwesenheit ist keine Last, und noch weniger sind sie die Ursache für einen Verfall, der eine bedrohliche Zukunft erwarten läßt. Sie sind, aufs ganze gesehen, kein Unglück, sie sind eine Chance, auch für die Erneuerung unseres eigenen Lebens.

Es liegt an uns, ob die Zuwanderung friedlich verläuft oder ob sie zu Konflikten führt. Wenn unsere Beschränktheit und Intoleranz eine noch schlimmere Intoleranz in gesellschaftlicher, politischer und religiöser Hinsicht provozieren, sind Zusammenstöße allerdings vorprogrammiert.

Wir müssen uns entscheiden: Entweder werden wir das kulturelle und moralische Erbe unserer abendländischen Tradition, das Werk von Generationen, dem Raub und der Zerstörung aussetzen, oder wir suchen – großherzig und aufnahmebereit – nach Wegen, es in einer gemeinsamen Zukunft mit den Armen und Fremden zu teilen.

Es liegt an uns, in der Gnade des Heiligen Geistes so zu handeln, daß an die Utopie vom Zusammenströmen der Völker im Tal Joschafat (vgl. Joel 4,2.12.14) sich die Herabkunft des Neuen Jerusalem (vgl. Offb 21) anschließt.

Authentizität

Wir sind alle auf der Suche nach der Wahrheit, wir sehnen uns nach der Wahrheit. Wir suchen sie, wir fragen nach ihr, wir verlangen nach ihr in jedem Augenblick unseres Lebens. Und wenn ich dieses Suchen übersetzen soll, so übersetze ich es vor allem als Sehnsucht nach Authentizität.

Ich wünsche mir, vor dem Herrn und vor euch allen, und jeder von euch wünscht es sicherlich so wie ich, authentisch zu sein. Ich wünsche, heißt das, daß eine Entsprechung herrscht zwischen Wort und Tun, eine Entsprechung zwischen den Worten und Handlungen, zwischen den Versprechungen und den Erfüllungen, eine Entsprechung zwischen dem, was wir mit der Gnade Gottes sein wollen, und dem, was wir zu sein versuchen und worum wir uns im täglichen Leben bemühen.

Wir sehnen uns nach Wahrheit, wir sehnen uns nach Authentizität, wir wünschen uns, daß alles, was wir sagen und tun – unsere Worte, Gesten und Handlungen – dem entspricht, was der Herr in uns hineinlegt. Es soll keine Abweichung geben, keinen Abstand, kein Gefälle zwischen dem, was wir denken und was wir leben.

Wir sind also alle gemeinsam auf der Suche nach Authentizität. Wir sehnen uns danach, wir wollen, daß sie unsere Freundschaft prägt, unsere Gemeinschaft, unsere alltäglichen Beziehungen. Wir sind auf der Suche nach einer ganz bestimmten Wahrheit. Ihre Kennzeichen lassen sich mit Bildern, die ich dem Johannesevangelium entnehme, folgendermaßen näher umschreiben: O Herr, ich suche eine Wahrheit, die lebendig ist wie Quellwasser, die schlicht ist wie das Brot, klar wie das Licht, kraftvoll wie das Leben ... (vgl. Joh 4; 6). Es entsteht also ganz spontan ein Gebet.

Wer wird uns dieses lebendige Wasser geben, das niemals versiegt? Wer gibt uns das schlichte Brot der täglichen Nahrung, von dem wir jeden Tag essen und das wir an die Brüder und Schwestern verteilen können? Wer gibt uns die Klarheit des Lichts, vor dem wir nicht die Augen verschließen müssen? Und wer gibt uns die Kraft des Lebens?

Der Herr selbst gibt uns darauf die Antwort und sagt: Ich bin das lebendige Wasser. Ich bin das Brot des Lebens. Ich bin das Licht. Ich bin die Auferstehung und das Leben. Ich bin das lebendige Wasser, das niemals versiegt und das jeden Durst stillt. Ich bin das Wasser, das ewiges Leben schenkt. Ich bin das Brot des Lebens; wer davon ißt, wird nicht sterben. Ich bin das Licht, das in der Finsternis leuchtet, und die Finsternis vermag es nicht zu verhüllen. Ich bin die Auferstehung und das Leben; wer an mich glaubt, wird leben, auch wenn er gestorben ist. Wer in mir lebt und an mich glaubt, wird das ewige Leben haben.

Barmherzigkeit

Der Prophet Jona hält in der Erzählung des gleichnamigen Buches Gott vor, daß er gnädig und barmherzig ist, langmütig und reich an Huld, daß er sich mitleidig stimmen läßt (vgl. Jona 4,2). Gott muß sich gleichsam gegen die Anklage verteidigen, seine Barmherzigkeit sei unverständlich, uneinsehbar, blind, absolut. Aber gerade diese Barmherzigkeit ist das Fundament unseres Lebens und unserer Freiheit.

Der Mensch kann nur leben und lieben, wenn er sich angenommen weiß, wie er ist, ohne Bedingungen; und dann fühlt er sich auch frei. Gott liebt uns auf diese Weise. Das einzige Maß seiner maßlosen Liebe ist das Bedürfnis der geliebten Person; der Arme, Unglückliche, der Sünder, der Verlorene wird sogar mehr geliebt als die anderen.

Gott liebt uns wie eine Mutter, die den Sohn liebt, weil er ihr Sohn ist; und wenn er auf Abwege gerät, liebt sie ihn noch mehr, denn sie weiß, daß er sich in dem Maß, wie er geliebt wird, bessern kann.

Gott, der uns mehr Vater ist als unser eigener Vater und mehr Mutter als unsere eigene Mutter, der uns im mütterlichen Schoß geformt hat, schafft aus Barmherzigkeit die Wirklichkeit, die uns umgibt. In seiner Barmherzigkeit sind wir, was wir sind, und unser Elend wird zum Gefäß und zum Maß, nach dem sich seine Barmherzigkeit bemißt.

Begegnung

Wir müssen neu entdecken, was Begegnung bedeutet. Wirkliche Begegnung – die Begegnung mit Völkern anderer Kulturen und völlig anderer Mentalität, mit völlig unterschiedlichen Vorstellungen im Hinblick auf das Leben und die Lebensführung – findet nicht auf technologischer Basis statt, sie ergibt sich auch nicht im Gefolge einer engen, eventuell sogar brüderlichen Zusammenarbeit. Authentische und wahre Begegnung im eigentlichen Sinn ereignet sich vielmehr in der Tiefe, an den Wurzeln der Person, dort, wo sie sie selbst ist und nicht nur etwas tut oder produziert.

Das aufmerksame und geduldige Aufeinanderhören unterschiedlicher Kulturen, die Fähigkeit, Enfaltungsmöglichkeiten, die einen gemeinsamen Weg eröffnen, gegenseitig wahrzunehmen, die seltene Eigenschaft, den anderen auf dem Weg zu begleiten, ohne sich ihm aufzudrängen und ohne über ihn zu bestimmen: das alles sind Gaben Gottes, die wir nur finden, wenn wir nach dem Wesentlichen suchen.

Wie Jesus, der bei Tagesanbruch die Stadt verließ und an einen einsamen Ort ging (Lk 4,42) oder sich allein auf den Berg zurückzog (Joh 6,15), muß auch der vielbeschäftigte Mensch einen Raum suchen, wo für ihn die Gegenwart Gottes (der anwesend ist, wo wahrhaft gelebt wird) und zugleich die Hinfälligkeit alles dessen, was dem Plan Gottes widerspricht, erfahrbar wird.

Beharrlichkeit

Es ist mühsam, beharrlich zu sein, es ist mühsam, den Herrn immer wieder zu bitten. Wenn unser Gebet offensichtlich nicht erhört wird, stellen wir uns vor, Gott sei vielleicht taub. Wir kommen uns dann vor wie jemand, der draußen steht und hofft, daß der andere sich rührt, ihm die Tür öffnet. Je mehr Zeit vergeht, um so mehr verlieren wir das Vertrauen in Gott.

Aber Jesus sagt uns immer wieder: Fahre fort zu bitten, denn schon das Bitten ist Gnade, schon das Bitten macht dich zum Sohn, schon das Bitten ist die Erhörung (vgl. Mt 7,7–11). Wenn du nicht nachläßt, die schlichten, einfachen Gebetsworte immer wieder vorzubringen, wirst du auf geheimnisvolle Weise zum Sohn, und du erhältst dann sogar noch Brot, mit dem du andere ernähren kannst, selbst wenn du dich selbst müde, geistlich trocken und armselig fühlst.

Ein solches fruchtbares Gebet ist kein leichtes, gelassenes, freudiges Gebet, sondern ein leidvolles Gebet. Aber es ist ein Gebet, auf das hin uns Gott das wahre Brot gibt, das im Wissen um unsere Kindschaft besteht.

Hier kann man natürlich die Frage stellen: Braucht denn Gott unsere Beharrlichkeit? Weiß er nicht besser als wir selbst, was wir nötig haben?

In Wirklichkeit hat die Beharrlichkeit im Beten unsere Läuterung zum Ziel. Und die demütige Erkenntnis, daß wir nicht zu beten wissen, läßt uns zu Kindern Gottes werden.

Beruf

Die hohen ethischen Ansprüche, die an den Beruf gestellt werden, begründen und fordern zugleich, daß auch die religiöse und theologische Sicht zum Tragen kommt. Erst in der Erörterung dieser religiösen und theologischen Dimension wird die tiefste Bedeutung des Berufs sichtbar, und es wird zudem verständlich, warum die Kirche an diesem Thema so großes Interesse hat. Der Beruf ist ganz wesentlich auf den Dienst am Menschen ausgerichtet. Damit ist er faktisch eine besonders wichtige Verwirklichungsform der christlichen Nächstenliebe, und das heißt des grundlegenden Gebotes Gottes.

Die sprachgeschichtliche Herleitung des Wortes scheint anzudeuten, daß die Ausübung eines Berufs die bevorzugte und öffentliche Weise der Verwirklichung der eigenen Berufung ist. Der Beruf ist die Antwort der Person auf das Wort oder den Ruf Gottes, und damit ist er der eigentliche und letztendliche Sinn der eigenen Existenz in der Zeit.

Der Beruf wird so zum „Ort", an dem nicht nur eine echte personale und gemeinschaftliche Kommunikation, sondern auch eine echte religiöse Kommunikation stattfindet. Und man kann davon ausgehen, daß die beiden Formen der Kommunikation – die gesellschaftliche und die religiöse – nicht nur äußerlich nebeneinander bestehen, sondern sich gegenseitig so durchdringen, daß die eine zur Bedingung der anderen wird.

Berufung

Die Berufung ist ein Wort, das an mich ergeht. Sie ist ein Beziehungsgeschehen, das heißt, daß sie in der Beziehung entsteht und wächst. Sie wird weniger und schwächer, wenn die Beziehung und das Gespräch weniger werden.

Berufung ist die Annahme eines Gesprächs, in dem ich weder das erste noch das letzte Wort habe: Ich muß antworten. Wichtig ist, daß man das Gespräch annimmt. Wie macht man das, daß ein Gespräch stattfindet und daß unser

Gebet oder die Frage nach der Berufung nicht nur einen Monolog darstellt?

Es gibt keinen anderen Weg, als das Wort Gottes als Wort ernstzunehmen, es sprechen zu lassen, ihm den Vorrang zu geben, und dann zu antworten. Es gilt, die Heilige Schrift ernstzunehmen als Wort, das zu mir gesprochen ist, sie als Beginn des Berufungsgesprächs zu lesen und zu hören und dieses Gespräch aufrechtzuerhalten.

Ohne tägliche Meditation des Wortes Gottes – die kurz sein kann, aber konsequent eingehalten werden muß – ist es schwierig, einen fruchtbaren Dialog über seine Berufung zu beginnen und zu führen. Ohne diese tägliche Meditation ist es schwierig, die Tür für das Wort Gottes offenzuhalten.

Bischof

Es gehört zu den Aufgaben des Bischofs, in der Vielfalt der historischen Situationen, in denen die Gläubigen, die Getauften, das in der Taufe verliehene allgemeine Priestertum leben, die Einheit und Einfachheit des Glaubens sichtbar zu machen. Er lebt sein Leben aus der Beziehung zu Christus und als Dienst an den Gläubigen, denen er hilft, den Weg zu finden, den der Heilige Geist für jeden einzelnen vorgesehen hat. Er muß die Wirklichkeit des Lebens mit den Augen des Glaubens und des Herzens lesen und verstehen können. Er braucht ein Einfühlungsvermögen, das sich eins weiß mit der Liebe Christi zu jedem Menschen und der Liebe Gottes zu allen Geschöpfen. So hilft er den Gläubigen, wenn es darum geht, den in der Taufe empfangenen Geist in Familie und Gesellschaft wirksam werden zu lassen, in Freude und Schmerz, im Beruf und in der Politik. Es gehört zu den Aufgaben des Bischofs, den Gläubigen zu begleiten und zu stärken, der in der spirituellen Situation der gegenwärtigen Welt seinen Weg geht und mit seinem Leben Zeichen der vollkommenen Gerechtigkeit, der Freiheit und des Lobes Gottes setzt.

Darin besteht also die Aufgabe des Bischofs, und dies ist seine Sicht auf die Wirklichkeit. Davon ist sein Handeln bestimmt, von hier erhält sein vielfältiger Einsatz die innere Einheit. Notwendigerweise unterscheidet sich seine Sichtweise von jeder anderen, und sie darf nicht mit einem Urteil über Politik, Gesellschaft, Wirtschaft oder Kultur gleichgesetzt werden. Man kann es so sehen, daß seine Sichtweise alle diese Bereiche im Urteil des betrachtenden Glaubens zusammenführt: Er blickt im Glauben auf die Wirklichkeit und die hinter den Dingen liegende Wirklichkeit, und er sieht auf die Menschen und das in den Menschen wirksame Gute.

Bund

Das Wort Bund bedeutet das starke Band, das das Alte Israel mit Gott verbindet und zu „seinem Volk" macht; die Hingabe Christi am Kreuz für uns hatte den Neuen Bund und die Schaffung eines neuen Volkes Gottes zum Ziel.

Der Bund hält die unermüdliche Liebe in Erinnerung, mit der Gott – seit der Schöpfung – den Menschen als Freund behandelt hat: Er hat nach dem Sündenfall die Erlösung verheißen, er hat die Patriarchen erwählt, er hat Israel aus der Knechtschaft Ägyptens befreit, er hat das Volk durch die Wüste geleitet und es in das Gelobte Land geführt, das zum Zeichen für geheimnisvolle zukünftige Güter wurde, und er hat dem Volk mit der Ankündigung eines Messias und der Ausgießung des Heiligen Geistes neue Hoffnung geschenkt.

Nach der Bibel bestimmt und prägt der Bund, als Ursprung und Norm, das gesamte Leben des Volkes. Er hat in Kult und Gesetz seinen Ausdruck gefunden, die jeden Augenblick die gesamte Existenz des Volkes formen. Der „Neue Bund", den die Propheten angekündigt haben, ist ein göttliches Prinzip, das in der Tiefe des Herzens ruht und von innen her das gesamte Leben gestaltet, bestimmt und prägt.

Bußsakrament

Wer sich um ein geistliches Leben bemüht, wird auch der sündhaften Widerstände gewahr, die wir der Führung durch den Heiligen Geist entgegensetzen. Daraus entsteht die Bußgesinnung, die in der Feier des Bußsakraments besiegelt wird.

Es heißt, dieses Sakrament sei in die Krise geraten, weil das Bewußtsein der moralischen Werte und in der Folge das Bewußtsein von der Sünde als Negation dieser Werte in die Krise geraten sei.

Vielleicht verhält es sich aber gerade umgekehrt: Wir machen eine gefährliche Krise des moralischen Bewußtseins durch, weil die Feier des Bußsakraments eine Krise durchmacht. Tatsächlich hängt die Auffassung, die wir von unseren Sünden haben, damit zusammen, welche Auffassung wir von dem Gut haben, das durch die Sünde beeinträchtigt wird.

Diese Auffassung vom einzelnen Gut wiederum hängt ab von der geistlichen Haltung, mit der wir uns – ausgehend von der Erfahrung partieller, vorläufiger und vorletzter Güter – der Anerkennung und Annahme des letzten und höchsten Gutes öffnen, das das Geheimnis Gottes ist.

Das höchste Gut kann nicht eigentlich beschrieben werden, es muß gesucht, angerufen, verehrt und empfangen werden. Der Christ sucht, verehrt und empfängt die endgültige Offenbarung des höchsten Gutes in Jesus, in seinem Leben sowie in seinem Tod und seiner Auferstehung. Und auch Aufdeckung, Eingeständnis und Überwindung der Sünde erfolgen – auch wenn sie in Haltungen wurzeln, die aus der Mitte des Herzens kommen – letztlich in der Gegenwart Jesu und werden in der Feier der barmherzigen Liebe des Vaters besiegelt.

Dies ist auch der Grund, warum die Tradition in der Feier dieses Sakramentes nicht nur einen außergewöhnlichen Vorgang für schwere und schwerste Vergehen sieht, die einen unvermeidlichen Bruch des Bundes bedeuten, sondern es auch als eine häufig zu vollziehende Symbolhandlung begreift. Sein Empfang soll uns unsere alltägliche Armseligkeit vor Gott ins Bewußtsein rufen. Wir werden so gewahr, welche Distanz sich zwischen unserem Leben und den Idealen des Evangeliums auftut. Wir erfahren die erneuernde Kraft des österlichen Geheimnisses, und es lichtet sich der Nebel in unserem Inneren, der uns hindert, die durch das Evangelium uns anvertrauten Aufträge wahrzunehmen und auszuführen.

Christ

Wer ist der gewöhnliche Christ? Welche Rolle spielt er, welche Aufgabe kommt ihm in der Kirche zu? Ich denke, das sind keineswegs nebensächliche Fragen.

Unter einem gewöhnlichen Christen verstehe ich hier natürlich nicht den „lauen" Christen, wie wir ihn alle kennen, sondern den Christen, der die durch den Glauben und die Taufe ihm übertragene Würde des Priestertums Christi ernst nimmt, auch wenn dieses allgemeine Priestertum nicht durch eine besondere kirchliche Beauftragung – sei sie sakramentaler, kirchenrechtlicher, pastoraler oder auch nur verwaltungstechnischer Art – näher bestimmt wird.

Man könnte einwenden, es handle sich um eine eher abstrakte Frage, denn der gewöhnliche – nicht laue – Christ würde doch in der Regel bestimmte anerkannte Dienste der praktischen Nächstenliebe übernehmen. Ich denke aber, daß die Frage, worin sein Christentum besteht, dennoch sinnvoll ist. Denn es kommt immer wieder vor, daß jemand aufgrund besonderer Umstände (weil er krank ist, einer Randgruppe angehört usw.) keine solchen Aufgaben, die Ansehen verleihen, übernehmen kann.

Wer der gewöhnliche Christ ist, wird meines Erachtens im Ersten Petrusbrief und im Römerbrief des Apostels Paulus gut beschrieben: Sein Umgang mit Gott und der Dienst an den Brüdern beruht nicht auf einer Weihevollmacht, sondern besteht darin, daß er – gehorsam gegenüber dem Vater, im Namen Christi und beseelt vom Heiligen Geist – in den Situationen des täglichen Lebens seine Taufe lebt.

Alles, was er tut und vollbringt (die Sünde ausgenommen), ist Kult und Opfer der Kirche, sind Gott dargebrachte geistige Opfer zum Heil der Menschen, die Gott gefallen (vgl. 1 Petr 2,5; Röm 12,1).

Demut

Demut ist ein Wort, das wir ständig im Munde führen, es ist aber gar nicht so einfach auszudrücken, was es alles bedeutet. In einem allgemeinen Sinn könnte man sagen, daß die Demut das Gegenteil des im Magnificat beschriebenen Hochmuts ist: „Er zerstreut, die im Herzen voll Hochmut sind", heißt es dort (Lk 1,51). Voll Hochmut sind die, die glauben, etwas darzustellen, die ihr Leben auf ihrer eigenen hohen Vorstellung von sich aufbauen und daraus ableiten, daß die anderen ihnen zu Diensten stehen müßten; da diese nur ihre Pflicht erfüllen, würden sie selbst ihnen auch keinen Dank schulden. Es ist die Haltung, die Paulus immer wieder in seinen Briefen anprangert, etwa im Brief an die Römer: „Strebt nicht hoch hinaus, sondern seid demütig! Haltet euch nicht selbst für weise!" (Röm 12,16). Demütig ist, wer sich nicht aufbläst und sich nichts vormacht.

Es ist wichtig, über dieses „sich nicht für weise halten" einmal nachzudenken. Es ist eine Haltung, die immer nützlich ist, aber in der Beziehung zu Gott ist sie unverzichtbar. Denn tatsächlich „wissen wir nicht" einmal, „worum wir in rechter Weise beten sollen" (Röm 8,26).

Oft beten wir nicht in rechter Weise, weil wir uns dünkelhaft einbilden, wir wüßten, wie wir zu beten hätten, während wir doch immer mit dem Bekenntnis beginnen sollten: „Herr, ich weiß nicht, wie ich beten soll." Schon das ist ein Gebet, denn es macht Platz für den, den wir anrufen sollen: den Heiligen Geist.

Demut hat aber auch eine soziale und gesellschaftliche Dimension. In diesem Zusammenhang ist Demut die Abwesenheit von Ansprüchen an andere und die Aufmerksamkeit für sie. „Ich habe Wert darauf gelegt, euch in keiner Weise zur Last zu fallen, und ich werde auch weiterhin darauf Wert legen", schreibt Paulus (2 Kor 11,9).

Demut ist Entgegenkommen ohne Ansprüche, voll Zuneigung, Aufmerksamkeit und Zuvorkommenheit. Demut als gesellschaftliche Tugend beinhaltet auch Anstand, Zurückhaltung, Vornehmheit, die das Herz erobert, weil sie eben nicht nur Ausdruck einer äußerlichen Geziertheit ist. Menschen, die wissen, daß sie in der Gesellschaft wenig zählen, bewegt nichts so sehr, wie wenn sie sich mit Respekt und Wertschätzung behandelt fühlen.

Dienen

Die christliche Gemeinde ist verpflichtet auf Christus und seine Liebe, auf seine Aufforderung zur barmherzigen Liebe zum Nächsten; sie darf daher das Volk in seiner Bedürftigkeit nicht im Stich lassen, sie muß sich anstrengen, den Menschen in ihren Nöten beizustehen und das Werk ihres Meister fortzuführen.

Wir können nicht sagen: Behelft euch selbst! Wir haben den Auftrag, den Menschen zu dienen.

Die Kirche darf sich diesem Dienst nicht entziehen, wie sie sich auch der Mühe und den Risiken des Dialogs mit der Gesellschaft nicht entziehen darf; sie darf sich nicht auf das innerkirchliche Leben zurückziehen und der Geschichte ihren Lauf lassen.

Der Dienst der christlichen Gemeinde besteht in der Bemühung, zwischen dem Wort Gottes und der Geschichte eine vielfältige Verbindung herzustellen. Da die Kirche weiß, daß Gott in seiner Liebe dem Menschen das Leben als Geschenk anbietet, kann sie die Situation des Menschen nicht nur im Lichte der Humanwissenschaften lesen, wie bedeutsam diese auch sein mögen; sie lebt in der gegenwärtigen Situation und dient den Menschen in ihr nur dann, wenn sie in ihr die Zeichen der Gegenwart Gottes erkennt.

Das Wort „Gebt ihr ihnen zu essen" aus der Erzählung von der Brotvermehrung (Mk 6,37) bleibt in der Geschichte der Kirche eine dringliche Aufforderung, und es hält uns dazu an, in jeder menschlichen Wirklichkeit den Hinweis auf ein größeres Geheimnis wahrzunehmen. Der Gehorsam der Kirche gegenüber dem Wort Gottes wird so zum Dienst an der Menschheit, die von ihr lernen kann, die ganze Spannweite der Wirklichkeit zu begreifen. Die Kirche sollte heilsame Unruhe schaffen, die dazu anstiftet, in der Freude des Reichtums der Liebe Gottes zu leben.

Die Aufforderung „Gebt ihr ihnen zu essen" gilt aber auch ganz konkret dort, wo Armut und Elend herrschen. Es gehört zur pastoralen Sendung der Kirche, in solchen Situationen entsprechende Initiativen zu ergreifen und ganz auf die Förderung der Person auszurichten.

Distanz

Wer sich darüber klarwerden will, was er gerade tut, muß innehalten und sich bemühen, Abstand zu gewinnen. Natürlich ist dieses Abstandnehmen ein Bild. Es soll damit nicht gesagt werden, daß wir unsere täglichen Pflichten nicht mehr erfüllen sollen, sondern daß wir versuchen sollen, unseren Blick bei der Erfüllung dieser Pflichten zu weiten. Zur Verdeutlichung möchte ich das Bild des Bergsteigers anführen, der bei seinem Aufstieg immer wieder innehält, Haltepunkt für Haltepunkt, Felsspalt für Felsspalt, und alles tut, was notwendig ist, um sich in der Wand zu halten und voranzukommen; und trotzdem blickt er soundso oft nach oben und nach unten, um zu prüfen, wohin die Route führt, ob sie sicher ist, ob das Wetter hält usw.

Man könnte von einer „kontemplativen Distanz" sprechen, verstanden als innere Losgelöstheit, die ein Verweilen und Betrachten ermöglicht. Sie könnte bewirken, daß wir in schwierigen Situationen nicht gleich in Panik und Hektik verfallen und immer „sofort" einen Ausweg finden müssen.

Ehe

Die Ehe ist angelegt auf die Einheit des Paares und der Familie, die Tag für Tag neu gelebt werden muß, und diese Ausrichtung auf die Einheit ist von der Natur vorgegeben. Die Worte Jesu: „Alle sollen eins sein: Wie du, Vater, in mir bist und ich in dir bin, sollen auch sie in uns sein" (Joh 17,21), gelten deshalb für alle Familien.

Die ersten Jahre einer Ehe sind vor allem von der Erfahrung geprägt, daß man – voll Begeisterung, in der Freude, füreinander geschaffen zu sein – diese Einheit sucht, aber auch von den Schwierigkeiten, die sich ergeben, wenn man entdeckt, daß der andere nicht so ist, wie man ihn sich vorgestellt hat. Man erfährt dann, daß Zusammenwachsen bedeutet, einen langen Weg einzuschlagen, auf dem Verzicht, Vergebungsbereitschaft und Geduld gefordert sind. Die Einheit ist also keine Selbstverständlichkeit. Daß zwei Menschen lange Zeit zusammenleben, ohne einander überdrüssig zu werden, sondern darin immer deutlicher ein Geschenk Gottes sehen, ist selbst ein Wunder, ein Geschenk Gottes, eine Gnade.

Einmütigkeit in der Familie ist keine Selbstverständlichkeit, sie stellt sich nicht von selbst ein; von selbst stellt sich eher das Gegenteil ein. Was einem Paar hilft, zu zweit gemeinsam einen Weg zu gehen, ist die Gnade des Ehesakraments. Auf diesem gemeinsamen Weg handeln sie in allem, was sie tun, nicht mehr als Einzelperson, die in allem frei wählen und entscheiden kann und erwartet, daß der andere dies respektiert. Es ist nun vielmehr so, daß alles, direkt oder indirekt, zu zweit geschieht oder zumindest in Abstimmung mit dem anderen.

Das ist eine recht diffizile Angelegenheit, und es gibt Menschen, die das, obwohl sie seit Jahren verheiratet sind, noch nicht begriffen haben. Sie beklagen sich, daß sie Probleme haben, sie fühlen sich unverstanden – und sehen nicht, daß sie diese Grundregel nicht begreifen wollen.

Einheit der Welt

Die ganze Welt – in den Bereichen Gesellschaft, Wirtschaft, Kultur, Politik, Religion –, ja der ganze Kosmos, ist unterwegs zu immer größerer Einheit, und die Hindernisse, die auftreten, zeigen nur, daß der Weg dahin schwierig ist. Aber wir wissen, daß Gott die Einheit will, denn die Mitte der Welt ist Christus, und er zieht alles an sich.

Wir können nicht mehr zurück nach Ägypten. Das Land, zu dem wir unterwegs sind – die Einheit der Welt, die vor uns liegt –, „dieses Land ist überaus schön. Wenn der Herr uns wohlgesinnt ist und uns in dieses Land bringt, dann schenkt er uns ein Land, in dem Milch und Honig fließen" (Num 14,7–9).

Größer als unsere Zwietracht und unsere Ängste ist die feste Hoffnung auf Christus, die Mitte der Welt, auf den sich alles in geheimnisvoller Weise hinbewegt, in einer Bewegung, die allerdings ihre Zeit braucht.

Dies ist nicht nur eine große Hoffnung, es ist die theologische Tugend der Hoffnung, und es ist eine Erfahrung.

Wir machen im Laufe der Geschichte – trotz aller theologischen, sprachlichen, kulturellen und gesellschaftlichen Differenzen – immer wieder erstaunliche Erfahrungen der Einheit.

Diese Einheit ist der in unsere Herzen ausgegossene Heilige Geist. Sie ist die Gnade des Heiligen Geistes, der alles durchdringt, der zuweilen auch dann vielfältige Frucht bringt, wenn der Samen auf felsigen Boden fiel oder von Sträuchern und Dornen erstickt zu werden droht.

In solchen Erfahrungen der Einheit, die uns mit Freude und Gewißheit erfüllen, nehmen wir wahr, daß wir selbst ebenso wie die von uns unterschiedenen anderen vom gleichen Geheimnis Gottes bewegt werden.

Auf diese mystische, spirituelle Einheit kommt es vor allem an. Theologisch gesprochen ist sie ein Werk des Heiligen Geistes, der vom Kreuz Christi und vom Herzen des Auferstandenen aus in die Herzen aller Menschen ausgegossen worden ist.

Einsamkeit

Als einsam betrachte ich alle Menschen, die nicht die Hilfe und Begleitung erfahren, die für sie notwendig wäre, und deshalb unter Niedergeschlagenheit, Schmerz, oft auch Verzweiflung, leiden.

Denken wir an die Einsamkeit der alten Menschen, die – gerade in den Großstädten – allein in ihrer Wohnung sind, die in den Heimen, einer neben dem anderen, allein vor sich hinleben. Oft sind sie krank oder haben Gebrechen, die es ihnen unmöglich machen, für sich selbst zu sorgen. Es gibt die Einsamkeit unzähliger Kranker, die von den dafür zuständigen Behörden keine ausreichende Unterstützung bekommen, die von einem Quartal zum anderen auf die nötige Pflege warten oder in ihrem Leid nicht die Aufmerksamkeit und Zuwendung bekommen, die sie so nötig hätten.

Denken wir an die Einsamkeit der Behinderten, besonders auch der psychisch Kranken, der Geisteskranken und ihrer Familien.

Ich denke auch an die Einsamkeit der Gefangenen, derer, die von der langen Wartezeit auf ihr Urteil aufgerieben werden. Und ich denke an die Einsamkeit und Mühen der Menschen, die in irgendeiner Weise im Gefängnis tätig sind.

Ich denke an die Einsamkeit der namenlosen Ausländer, die ohne jeden Schutz und ohne feste Arbeit zu Hunderten und Tausenden am Rande oder außerhalb der Legalität leben.

Und ich denke nicht zuletzt an Menschen, die in der Familie und inmitten einer Gemeinschaft durch Unverständnis und mangelnde Gesprächsbereitschaft in die Einsamkeit gedrängt werden. Wie viele bittere Tränen werden vergossen, ohne daß jemand davon weiß!

Elternschaft

Die erzieherische Verantwortung erfordert den Einsatz der Freiheit des Menschen, sie verlangt Vorbereitung, Formung, Auseinandersetzung und Engagement. Wenn es stimmt, daß Mann und Frau an dem Tag zu Eltern werden, an dem ein Kind geboren wird, so stimmt es andererseits auch, daß sie erst noch Tag für Tag zu wirklichen Eltern werden müssen. Elternwerden ist ein Prozeß, und dieser Prozeß beginnt eigentlich schon lange vor der Geburt eines Kindes, ja schon vor der Eheschließung. Junge Menschen können und sollten sich schon in der Verlobungszeit auf ihren Erziehungsauftrag vorbereiten und sich bewußt werden, welche Entscheidungen in diesem Zusammenhang zu treffen sind. Eine solche Vorbereitung und Formung bleibt eine ständige Aufgabe. Sie erfolgt im Zuhören, in der Auseinandersetzung mit der Erfahrung anderer, durch Vertiefung bestimmter Themen und auch dadurch, daß man in schwierigen Situationen bei Erziehungs- und Familienberatungsstellen Rat einholt oder an Elternseminaren teilnimmt.

Zum Elternwerden gehört es also, sich seiner selbst und seiner Aufgabe bewußt zu werden, wie man auch in den anderen Lebensbereichen sich die Situation bewußtmacht, Verantwortung übernimmt und damit an Kompetenz gewinnt.

Auch ein Bischof wird zum Bischof am Tag seiner Ordination, aber er muß dann Tag für Tag noch lernen, Bischof zu werden, und auch für ihn ist der Austausch von Erfahrungen, die Auseinandersetzung mit den verschiedensten Anregungen von großer Bedeutung.

Dieses Wachsen mit der Aufgabe ist also ein Vorgang, auf den wir überall dort treffen, wo es um Verantwortung geht. Und es ist sehr wichtig, daß dieses Wachsen in der Familie, der Keimzelle der gesellschaftlichen Verantwortung, stattfindet. Die Familie, die in der Auseinandersetzung – die auch in einer Art Elternseminar stattfinden kann – zu ihrer Verantwortung findet, kann Mut und Kraft geben, sie kann Horizonte eröffnen, die Angst vor Sackgassen und dunklen Abwegen nehmen, sie kann Heiterkeit und Vertrauen ausstrahlen.

Erde

Bevölkert die Erde, unterwerft sie euch, und herrscht über die Fische des Meeres, über die Vögel des Himmels und über alle Tiere, die sich auf dem Land regen" (Gen 1,28). Dieser Vers aus dem Schöpfungsbericht der Bibel wurde manchmal als Freibrief und Auftrag zur absoluten Herrschaft über die Natur interpretiert.

Aus historischer Sicht ist eine solche Interpretation jedoch absolut unwahrscheinlich. Wenn wir genauer hinsehen, können wir feststellen, daß die Ausbeutung der Natur, wie sie heute stattfindet, auf eine Zeit zurückgeht, die sich vom christlichen Glauben weit entfernt hatte, und mit aufklärerischen und immanentistischen Auffassungen von der Welt einhergeht. Es ist aber dennoch wichtig zu betonen, daß der Vorwurf den wahren Sinn des Verses der Genesis verfehlt. Die angeführte Stelle will vielmehr eine überraschende und erfreuliche Erfahrung ausdrücken und interpretieren, die der Mensch mit den Wunderwerken der Schöpfung macht, während er zugleich seine Hinfälligkeit wahrnimmt. Das Wort Gottes hat hier auch den Sinn einer gewährten Gunst, nicht nur des Auftrags. Es will unterstreichen, daß die Erde ein Geschenk ist und daß sie deshalb mit Liebe und Dankbarkeit bewahrt und gepflegt werden muß.

Richtig gelesen, richtet der Text die Aufmerksamkeit auf eine Wahrheit, die nur zu leicht vergessen wird: Die Erde ist nicht so sehr eine Sammelstätte von Ressourcen, derer wir uns nach Belieben bedienen könnten, sie ist vielmehr die Stätte, an der der Mensch die Erfahrung macht, daß das Leben ein Geschenk ist. Bevor der Mensch weiß, was Leben ist, kommt es ihm als Geschenk Gottes entgegen. Das Leben ist Geschenk Gottes, des Schöpfers, der dem Menschen die Gewißheit schenkt, daß er auch für ihn Sorge trägt.

Erinnerung

Man hat manchmal den – irrigen – Eindruck, die Kirche ermahne im allgemeinen dazu, auf Angriffe und erlittene Kränkungen nicht zu sehr zu achten, die Vergangenheit nicht aufzurühren, auch dann nicht, wenn schwerstes Unrecht begangen wurde und das Leben von Menschen der Gewalt geopfert worden ist. Sicher ist es nicht ein Zeichen für menschliche Weisheit – das hat schon Blaise Pascal einem Freund gegenüber bemerkt, der den Tod eines Angehörigen beweinte –, das Wehklagen und die Trauer endlos zu verlängern. Damit ist aber nicht gemeint, man solle einfach vergessen, im Herzen nicht die Verwundungen spüren, nicht bitter darunter leiden, wenn jemand das Opfer einer schweren Ungerechtigkeit geworden ist.

So lädt denn die Kirche auch immer wieder zum Gedenken und zum Gedächtnis ein, und sie lädt vor allem dazu ein, das Andenken an den Tod Jesu von Nazaret zu wahren – den grausamsten, gewaltsamsten und ungerechtesten Tod überhaupt.

Die Kirche gedenkt dieses Todes täglich in der heiligen Messe und stellt ihn uns im Bild des Gekreuzigten vor Augen. Im Blick auf den Gekreuzigten sehen wir alle Opfer der menschlichen Gewalt, von Abel bis zu den Verbrennungsöfen der Krematorien, von den Massakern in Schabra und Schatila bis zu den Opfern des Terrorismus.

Ernsthaftigkeit

Die Mission und die Werke der Nächstenliebe sind der „Ernstfall" des christlichen Lebens.

Der Gott, dem wir in der Betrachtung unser Herz öffnen; der Gott, der in Jesus und in der Heiligen Schrift zu uns spricht; der Gott, mit dem Jesus uns verbindet, wenn er uns in der Eucharistie an sich zieht: dieser Gott ist ein Gott, der uns auf höchst ernsthafte Weise liebt.

Die Liebe Gottes ist ernsthaft, deshalb erweckt sie unsere Freiheit und geht das Wagnis ein, sich ihr anzuvertrauen. Sie geht das Risiko ein, daß die Freiheit nein sagt und sich damit selbst zum Scheitern und zum Untergang verurteilt. Gottes Liebe ist ernsthaft darin, daß sie uns auf dieses Risiko hinweist, offen davon spricht und uns ankündigt, daß die hartnäckige Zurückweisung der Liebe unweigerlich die Verdammung nach sich ziehen würde.

Auch darin erweist sich diese Liebe als ernsthaft, daß Jesus, nachdem der Mensch mit der Sünde tatsächlich nein gesagt hat, sich des sündigen Menschen angenommen und selbst die Sünde und den Tod auf sich genommen hat. Die Liebe Gottes wurde zur gepeinigten und gekreuzigten Liebe, um den Menschen von der Sünde zu befreien und ihm die Möglichkeit wiederzueröffnen, zur Liebe Gottes ja zu sagen und unter den Brüdern und Schwestern von dieser Liebe Zeugnis abzulegen.

Das betrachtende Gebet, das Hören des Wortes Gottes und auch die Eucharistie entfalten ihre volle Wirksamkeit erst dann, wenn sie uns dazu führen, diese Wahrheiten zu entdecken: die Ernsthaftigkeit unserer freien Entscheidungen, das von aus nicht wiedergutzumachende Drama der Zurückweisung seiner Liebe und die Liebe Gottes, der schließlich die Sünde vergibt uns von neuem den Auftrag zur Liebe gibt.

Erwartung

Wer an die im Ostergeheimnis geoffenbarte Verheißung Gottes glaubt, erwartet die Wiederkunft des Herrn. Er lebt in der Erwartung einer Hoffnung, die nicht enttäuscht wird, und erfährt die Freude, sich vom dreifaltigen Gott geliebt und beschützt zu wissen. Wie die klugen Jungfrauen (vgl. Mt 25,1–13) erwartet er den Bräutigam. Er nährt das Öl der Hoffnung und des Glaubens mit der kräftigen Speise des Wortes, des Brotes des Lebens.

In der Haltung der Erwartung leben heißt kontemplativ leben, im klaren Bewußtsein, daß im Leben und in der Geschichte Gott allein der absolute Vorrang gebührt. Die Haltung der Wachsamkeit besteht deshalb im ständigen Bezug auf den Herrn, der im Licht des Glaubens sich als Angelpunkt des eigenen Lebens und der Geschichte der Menschheit zeigt. In diesem Glauben gehen wir als Pilger auf die ewige Heimat zu, an diesem Glauben richten wir unser ganzes Handeln aus.

Durch die gänzliche Ausrichtung des Herzens auf Gott

wird der Mensch von der Freude und dem Frieden erfüllt, die ein Leben entsprechend den Seligpreisungen mit sich bringt. Natürlich kostet er nicht die Seligkeit dessen aus, der sich schon angekommen weiß. Es ist vielmehr die bescheidene und vertrauensvolle Seligkeit, die sich von der Liebe des Herrn getragen weiß, der gekommen ist, bei uns ist und am Ende der Welt wiederkommen wird. Es ist eine Seligkeit, die arm ist vor Gott, eine Seligkeit im Leid, die Seligkeit der Sanftmut und des Durstes nach Gerechtigkeit, des wachen Herzens, die Seligkeit derer, die Frieden stiften.

Die Spiritualität der Erwartung verlangt also die Armut des Herzens, die offen ist für das überraschende Handeln Gottes. Sie setzt das beständige Hören auf das Wort Gottes und auf sein Schweigen voraus, um sich von ihm führen zu lassen. Und sie äußert sich in der Anpassungsbereitschaft und in der Solidarität gegenüber den Weggefährten und Zeugen des Glaubens, die Gott uns auf diesem Weg zum verheißenen Ziel an die Seite stellt.

Erziehung

Erziehung ist keine Freizeitbeschäftigung neben anderen. Sie ist ein grundlegender Auftrag, ein Kampf, der aufgenommen und gewonnen werden muß und daher den gemeinsamen und pausenlosen Einsatz aller Kräfte sowohl der Familie wie auch der entsprechenden Institutionen verlangt. Ich habe oft den Eindruck, daß wir die Erziehung allzu sehr vernachlässigen. Es gibt Eltern, die vielleicht zehn oder zwanzig Prozent ihres erzieherischen Potentials einsetzen. Dahinter kann die Absicht stehen, ihre Aufgaben zu delegieren, es kann aber auch aus einem Gefühl der Schwäche oder aus übertriebener Zurückhaltung resultieren.

Eltern sollten sich klarwerden, über welches Potential sie

tatsächlich verfügen könnten, vor allem, wenn sie mit all den anderen „Verbündeten" im Erziehungsbereich (wie katholischen Schulen, kirchlichen Jugendgruppen und Gemeinden) zusammenarbeiten würden.

Die Erziehung kann also einen großen Einfluß haben. Man hat zu Recht von der „Erziehung durch das Beispiel" gesprochen. Und da, wie man realistisch sehen muß, es mehr als genug schlechte Beispiele gibt, scheint die erzieherische Bemühung zum Scheitern verurteilt zu sein. Wir sollten uns in dieser Situation aber auch an eine andere Wahrheit erinnern: Die Welt jedes Kindes und Jugendlichen ist eine einzigartige Welt, in deren Blickfeld bestimmte Gestalten die menschliche Erfahrung insgesamt repräsentieren, während andere eher eine Art Hintergrund abgeben. Von Bedeutung ist, daß das Kind oder der Jugendliche Beispiele erlebt, und seien es auch nur ganz wenige, die so hervorragend sind, daß sie von ihm gewissermaßen nicht abgewiesen werden können.

Erziehung zur Selbständigkeit

Wenn ein junger Mensch – durch eine Erziehung, die alle Mittel ausschöpft – sich bewußt wird, daß er die Freiheit gewonnen hat, auf die Fragen des Lebens eine persönliche, von der herrschenden Mentalität abweichende Antwort zu geben, gibt ihm das ungeheure Kraft. Er hat gegen den Widerstand der Umwelt und unter schwierigen Bedingungen seine eigene Entscheidung getroffen. Es ist zuwenig, wenn wir unsere Kinder zum Glauben, zum Gebet, zu einem heiligmäßigen Leben erziehen; mehr als je zuvor ist heute eine „Heiligkeit des Denkens" erfordert.

Der junge Mensch muß die Hohlheit der kulturellen Mechanismen, innerhalb deren er aufwächst, durchschauen und lernen, sich von ihnen zu lösen. Das erfordert eine Schule, die das Denken und das Argumentieren lehrt. Für die katholische Schule liegt hierin eine außergewöhnliche Herausforderung, denn wenn es ihr nicht gelingt, die Jugendlichen zu einer kritischen Sicht auf die Wirklichkeit zu erziehen, werden sie auf unzählige Dinge hereinfallen. Verbindet sich der erzieherische Impuls der Schule mit dem der christlichen Gemeinde, der Jugendgruppe, dann wird Erziehung im eigentlichen Sinn möglich, dann darf man auch ausgezeichnete Ergebnisse erwarten. Es gibt heute eine große Anzahl von Jugendlichen, die die Wirklichkeit der Kirche und des Lebens eigenständiger und realistischer wahrnehmen, als dies in früheren Generationen der Fall war.

Eucharistie

Die Eucharistie ist das „Zeichen", das Christus selbst eingesetzt hat (und das von ihm ständig neu gesetzt wird), um eine Brücke zu schlagen zwischen dem endgültigen und unerschöpflichen „Zeichen" der Liebe Gottes, dem Paschageheimnis, und dem Zeichen, das die Kirche darstellt. Diese Kirche ist in der Tat die Gemeinschaft derer, die das Gedächtnis Christi und seines österlichen Geheimnisses begehen. In der Kraft eben dieses Christus, der sich unter ihnen durch die Eucharistie gegenwärtig setzt, lieben sie einander, wie er sie liebt, und in der Bezeugung der Liebe gegenüber allen versuchen sie, alle in diese Gemeinschaft der Liebe, die von Gott kommt, einzufügen.

Mit dieser Sicht wird die etwas unpersönliche und mechanistische Vorstellung des Bezugs von Eucharistie und Kirche überwunden, nach der die Kirche, aus der Eucharistie entstanden, eine für sich bestehende Wirklichkeit darstellt, die losgelöst von der Freiheit und dem gegenseitigen

Verständnis der Getauften existiert. Wahre Eucharistie im Vollsinn gibt es nicht ohne die Teilnahme der Person des Gläubigen.

Zum wahren und vollen Verständnis der Eucharistie gehört mehr, als daß in bezug auf sie bestimmte Handlungen vollzogen werden (es findet eine Eucharistiefeier statt, der Leib des Herrn wird angebetet, mit der entsprechenden Disposition empfangen). Es gehört auch mehr dazu als die Handlungen, die aus ihr folgen (Wohlwollen üben, Einsatz für die Gerechtigkeit usw.). Zum vollen Verständnis der Eucharistie gehört auch und vor allem, daß sie zur „Form" wird – zur Quelle und zum wirksamen Vorbild –, die sich dem persönlichen Leben und dem Leben der Gemeinschaft der Gläubigen aufprägt.

In der Eucharistie wird der Christus des österlichen Geheimnisses in der Kirche gegenwärtig und wirksam. Er ist gegenwärtig als der Sohn, der dem Wort des Vaters gegenüber gehorsam ist. Er ist gegenwärtig als der Sohn, der in dem dramatischen und innigen Gebet, mit dem er sich an den „Abba", seinen Vater, wendet, Mut faßt und das Maß gewinnt für seine Haltung gegenüber den Menschen. Deshalb kommt die Eucharistiefeier dann zu ihrem wahren Ziel, wenn sie bewirkt, daß die Gläubigen – wie Christus selbst – „Leib und Blut" für die Brüder hingeben, wenn sie anbetend niederknien und erkennen, daß dies alles Geschenk des Vaters ist.

Evangelisierung

Unter Evangelisierung verstehen wir sowohl die erste Verkündigung des Evangeliums vor Nichtchristen wie auch die beständige Wiederholung der Botschaft des Evangeliums in Predigt, Katechese und Liturgie.

Neben der Evangelisierung der Personen gibt es auch noch die Evangelisierung der Kulturen. Sie besteht in der gezielten und kritischen Durchdringung der Denk- und Lebensweise der Menschen, die sich aus dem Leben nach dem Evangelium ergibt. Die Evangelisierung kann in ausdrücklichen Formen erfolgen (dazu zählen Verkündigung und Auslegung der Schrift, Feier des Gottesdienstes), sie kann aber auch indirekt geschehen, durch das Zeugnis eines ernsthaft vom Evangelium geänderten Lebensstils (zum Beispiel durch das Zeugnis der Werke der Nächstenliebe).

Evangelisierung bedeutet nicht notwendigerweise, daß es gelingt, alle Menschen zu Christen zu machen, auch nicht, daß alle Getauften – und besonders die früheren Kirchgänger, die damit aufgehört haben – wieder Kirchgänger werden. Jesus hat seine Botschaft auch in Nazaret und in Chorazin und Betsaida verkündet, wo man nicht auf sein Wort gehört hat. Evangelisierung heißt in erster Linie mit Wort und Tat die frohe Botschaft zu verkünden und die Verkündigung so in ein aktuelles Geschehen umzusetzen, daß jeder Mensch guten Willens in der Lage ist, die frohe Botschaft in ihrer ganzen Originalität und Authentizität wahrzunehmen, sie anzunehmen und zu vertiefen.

Evangelium

Das Evangelium ist die Wirklichkeit, die aller übrigen Wirklichkeit zugrundeliegt; es ist die Initiative Gottes, der uns entgegenkommt und sich uns zu erkennen gibt. Diese heilsame Initiative Gottes ist Ursprung und Maßstab für alles, sie ist die Wirklichkeit, in deren Licht alles verglichen und beurteilt wird.

Das Evangelium ist die frohe Botschaft, von der es beim Propheten Jesaja (61,1–11) heißt, daß sie das Leben ändert:

Sie erfreut die Trauernden, bringt Schmuck anstelle von Schmutz, Freudenöl statt Trauergewand, Jubel statt Verzweiflung. Das Evangelium ist die kostbare Perle, für die man – voll Freude und ohne Überlegung – alles verkauft, was man hat, es ist der Schatz im Acker, für den man alles aufs Spiel setzt, um ihn zu erwerben (vgl. Mt 13,44–46).

Die frohe Botschaft des Evangeliums ist die Mitte, das Herz, das Fundament der Kirche und ihres Handelns.

Das Evangelium ist auch die hauptsächliche Sorge des Bischofsamtes. Es ist der Hort der Rechtgläubigkeit, für die der Bischof Sorge trägt, damit die frohe Botschaft unverfälscht verkündigt wird und sowohl im Handeln wie in der Struktur der Kirche und in allen Gruppierungen und Bewegungen geachtet wird und durchscheint. Dabei wird der Bischof vor allem anderen darauf achten, daß das Wesen der Botschaft aufleuchtet und sichtbar wird; dies ist noch wichtiger, als darüber zu wachen, daß die Worte, mit denen die Botschaft verkündigt wird, korrekt sind.

Das alles ist von entscheidender Bedeutung. Es ist tatsächlich so, daß bei allem, was die Kirche tut – von der Verkündigung bis zur Dienstleistung, von der Katechese bis zu den detailliertesten Regelungen der Kirchenordnung und des Gottesdienstes, von der Umschreibung des christlichen Lebensstils bis zur Verwaltung und den wirtschaftlichen und rechtlichen Strukturen –, es darauf ankommt und sie sich fragen muß, ob und wie die entsprechende Aktivität das Evangelium aufleuchten läßt und verkündet.

Ewigkeit

Mit der Auferstehung Jesu ist die Ewigkeit schon da, das neue und endgültige Leben hat in meiner Erfahrung schon begonnen.

Dieses neue Leben erwächst daraus, daß ich mich dem gekreuzigten und auferstandenen Herrn anvertraue, daß ich mich dem Vater anvertraue, wie Jesus sich ihm anvertraut hat.

Jesus, der den Tod besiegt hat, tritt in mein Leben ein und nimmt in seiner Ewigkeit an meinem Leben teil. Der Gedanke an den Tod des Leibes wird damit nicht aus der Welt geschafft, er wird jedoch geläutert und verwandelt. Ich bin gewiß, daß ich in meiner Erfahrung hier und heute an die Ewigkeit rühre, daß ich in der Ewigkeit Jesu lebe, an seinem Leben in der ewigen Herrlichkeit teilnehme, daß er in mir lebt und ich mit ihm in alle Ewigkeit im Vater lebe.

Ich erprobe und erfahre das alles, wenn ich im Glauben und aus der Liebe handle, wenn ich die Eucharistie oder ein anderes Sakrament empfange, wenn ich eine lebenswichtige Entscheidung treffe. Ich erfahre jetzt schon die Ewigkeit, ich nehme sie mit dem auferstandenen Herrn in mich auf.

Diese Erfahrung der Ewigkeit ist durch die Gnade des Auferstandenen in jeder wirklich freien Tat gegenwärtig, in jeder Handlung, die nicht aus reiner Zweckmäßigkeit erfolgt, die vielleicht sogar unseren Interessen zuwiderläuft, aber der Gerechtigkeit und Wahrheit dient.

Mit jeder ethisch wertvollen Tat nehmen wir teil an der Gabe, mit der Gott uns an seinem ewigen Wesen teilhaben läßt. Dieses ewige Wesen ist Wahrheit, Gerechtigkeit und unendliche Güte, und es hat für uns Gestalt angenommen in der Wahrheit und Treue, in der Liebe und in der Gerechtigkeit Jesu.

So wird die Auferstehung zu einer gegenwärtigen Erfahrung, tritt die Ewigkeit in unser Leben ein. Jesus gibt uns das Leben, der Heilige Geist nimmt Wohnung in uns, und der Vater ruft uns zu, daß wir seine Kinder sind und ihn als Vater anrufen dürfen.

Familie

Was bedeutet „der Nächste sein" – oder „sich als Nächster erweisen" – für die Familie? In dieser Frage geht es nicht unmittelbar um das „Tun", es geht vorher noch um das „Sein"; es geht um das tiefe Geheimnis der Intimität und Nähe, in dem die Familie gründet, das ihre Bedeutung ausmacht und von dem sich der Auftrag zum Tun ableitet.

Der erste Auftrag für die christliche Familie, die Hüterin der Nähe Gottes ist, besteht darin, vor den Brüdern und Schwestern im Glauben und vor der gesamten Welt, auch wenn diese es nicht versteht, Zeugnis abzulegen von dem Gott, der sich dem Menschen als Geschenk anbietet. Er hat sich selbst entäußert, um im Menschen Wohnung zu nehmen, und er will mit dem Menschen in eine unauflösliche Gemeinschaft treten.

Dies scheint ein nicht gerade leichter Auftrag zu sein. Wir leben in einer Zeit, in der, oft provokativ, Formen des familiären Zusammenlebens entwickelt und propagiert werden, die eher ein Zusammenleben auf Probe sind oder einem Arbeitsverhältnis bzw. einer Wohngemeinschaft entsprechen, die nach Belieben eingegangen und auch wieder aufgelöst werden können. Das klare, große und mutige Zeichen, das die Familie nach dem Willen Gottes sein soll, besteht nicht so sehr darin, einander nahe zu sein. Es ist vielmehr der einzigartige, ausschließliche und unersetzliche Auftrag der Familie, eine Nähe lebendig zu erhalten, die uns geschenkt ist und deren Zeugen wir sind. Gewiß bedeutet dies auch ein entsprechendes Handeln, „damit die Menschen eure guten Werke sehen und euren Vater im Himmel preisen" (Mt 5,16).

Sich *im Tun* als Nächster *erweisen* schließt dies alles ein, alles aber hängt davon ab, „Nächster zu *sein*". Und wichtig ist auch folgendes: Aller Einsatz – sei es die Bemühung, kraft der Nähe Gottes den Mitmenschen nahe zu sein oder sich im Dienst an den Brüdern als Nächster zu erweisen – hängt von jener geheimnisvollen Wirkung ab, die das Gebet auf die Familie ausübt. Es ist vielleicht mühsam, im zermürbenden Rhythmus des alltäglichen Lebens dafür Zeit zu finden, aber das Gebet in der Familie ist kostbar und unersetzlich.

Fasten

Wir sollten wiederentdecken, welchen Nutzen das Fasten besonders für das geistliche Leben und unsere Heiligung haben kann.

Aber, so wird mancher fragen, kann man in einer Gesellschaft wie der unseren überhaupt noch von Bußübungen wie dem Fasten sprechen?

Nun, wenn wir sehen, wie viele Menschen aus unterschiedlichsten Gründen körperlich fasten, muß es, mit etwas gutem Willen, doch möglich sein, auch dem Fasten als Bußübung einen Platz in der täglichen Erfahrung einzuräumen.

Fasten bezieht sich zunächst einmal auf das Essen und auf damit zusammenhängende Genüsse, etwa wenn wir uns gelegentlich auf das Notwendigste beschränken oder überhaupt auf eine Mahlzeit verzichten. Wir können aber genauso gut an die vielen Genußmittel denken, an die wir uns in den letzten Jahrzehnten so sehr gewöhnt haben. Wie oft gehen wir zum Beispiel einfach so in die Kneipe; oder denken wir an das Rauchen, die zahlreichen Tassen Kaffee im Laufe eines Tages. Wenn wir hier einmal verzichten, schadet das sicher nicht, gibt uns aber die Gelegenheit, uns daran zu erinnern, daß wir mit Jesus auf einem Weg sind, der zum Leiden und zum Kreuz führt.

Es gibt aber auch das Fasten der Augen beziehungsweise ein „Bilderfasten"; auch diese Form des Fastens kann für unser geistliches Leben große Bedeutung gewinnen.

Ich denke, wir sind alle der Meinung, daß der wahllose Fernsehkonsum, besonders bei Kindern und Jugendlichen, inzwischen jedes vernünftige Maß überschreitet; es liegt hier eine Art Verdauungsstörung vor, ein erzieherischer Mißstand, auf den wir reagieren müssen, indem wir lernen, auszuwählen und zu unterscheiden. Wenn wir unsere Befürchtung, daß dies seltsam oder kindisch scheinen könnte, überwinden und zu „fasten" beginnen, werden wir schnell feststellen, daß dies Auswirkungen auf unser ganzes Leben hat: auf das Gebet, auf unsere Nerven, auf den Gebrauch der Sinne, auf die Phantasie und die Vorstellungskraft, und zwar weit mehr, als wir denken. Es handelt sich hier um kleine Dinge mit großen Wirkungen.

Es gibt viele Momente im alltäglichen Leben, die sich ganz natürlich für ein solches Fasten anbieten.

Fastenzeit

Das Evangelium berichtet von drei großen Versuchungen Jesu, die er für uns überwunden hat. Sie sind ein Symbol für alle Versuchungen des Menschen und für alles das, was sich der messianischen Botschaft Jesu entgegenstellt.

Jesus antwortet dem Satan auf dreifache Weise.

Zunächst beruft er sich auf das Wort Gottes: „Der Mensch lebt von jedem Wort, das aus Gottes Mund kommt" (Mt 4,4).

Dann lehnt er es ab, auf billige Weise spektakuläre Wunder zu wirken, statt dessen betritt er den Weg der Demut, des verborgenen und einfachen Tuns der Pflichten des täglichen Lebens.

Schließlich weist er jede irdische Macht und jeden weltlichen Erfolg ab und verkündet den absoluten Vorrang Gottes. Alles, was gerecht und gut ist, wahrt diesen Vorrang Gottes. Das Grundübel einer Kultur, die unfähig ist, die wesentlichsten sittlichen Werte zu verteidigen und das Leben dort, wo es am meisten bedroht ist, zu fördern, besteht gerade in der Negation dieses Vorrangs.

Jesus lehrt uns, heißt das, die Fastenzeit so zu leben, daß wir das Wort Gottes, das wir täglich in der Schriftlesung und in der Liturgie hören und meditieren, auch befolgen. Wir sollen sachlich und bescheiden leben, nicht auf Sensationen oder außergewöhnliche Dinge aus sein, sondern im Dienst und in der Liebe, die der Herr uns aufträgt, aufgehen. Und wir sollen immer und überall den Vorrang Gottes verkünden: Ich werde nur den Herrn, meinen Gott, anbeten und ihm allein dienen (vgl. Mt. 4,10).

Fegfeuer

Das Fegfeuer ist ein Raum der Bewährung, der aus Barmherzigkeit und auf geheimnisvolle Weise nach dem Tod eröffnet wird. Es ist eine Teilnahme an der Passion Christi zur endgültigen Läuterung, die die Möglichkeit eröffnet, mit Christus in die ewige Herrlichkeit einzutreten. Der wahre Grund für die Zuversicht, daß für den, der in der Kenntnis Jesu nicht soweit vorangeschritten ist, wie er hätte können und sollen, eine Geschichte noch nach dem Tod möglich ist, ist der Glaube, daß Gott unsere Geschichte angenommen und zu seiner Geschichte gemacht hat.

Eine Vorwegnahme dieses Raumes ist die Zeit, die wir jetzt schon der Entfaltung des inneren Lebens widmen. Es wächst durch Nüchternheit, intellektuelle Redlichkeit, häufige Gewissenserforschung, Klarheit des Herzens und eine

Lebensführung im Geist des Evangeliums. Auch die Askese gehört dazu. Wir bedürfen immer wieder der Läuterung und der Vergebung der lastenden Schuld, um uns von unseren schlechten Gewohnheiten befreien zu können.

Fernstehende

Viele Seiten der Bibel handeln davon, daß Fremde, Heiden, Außenseiter zu den bevorzugten Adressaten des Wortes Gottes werden.

Tatsächlich besteht bei denen, die regelmäßig am Gemeindeleben teilnehmen, die Gefahr, daß sie sich an die großen Gaben des Glaubens gewöhnen, sie als ihren Besitz betrachten und so ihre Wirksamkeit einschränken.

Der Fernstehende befindet sich in einer ganz anderen Situation, vor allem dann, wenn die Ferne nicht durch Bequemlichkeit, Gleichgültigkeit oder – durch ein Leben im Gegensatz zum Evangelium – schuldhaft verursacht ist. Seine Situation kann dazu führen, daß das Gespräch über Glaubensfragen in einer Atmosphäre erfolgt, die von Ehrfurcht, Wunsch nach Echtheit und großer Ernsthaftigkeit geprägt ist, den Glauben mit den Problemen der Welt von heute in Beziehung zu setzen.

Diese positiven Aspekte, die den Glauben der Fernstehenden kennzeichnen mögen, dürfen allerdings nicht zu der Meinung verleiten, es sei erstrebenswert, ein Fernstehender zu bleiben. Die genannten positiven Momente sind heikle Werte, die erst dann wirklich fruchtbar werden, wenn die Situation des Fernstehens in einer kritischen und beherzten Annäherung an das Gemeindeleben überwunden wird.

Fest

Was ist im biblischen Verständnis ein Fest? Es ist nicht nur eine Gedächtnisfeier, in der sich das Volk an großartige Geschehnisse der Vergangenheit erinnert. Es ist auch nicht nur eine freudige Zusammenkunft, ein schlichter Vorgang der Gruppen- und Gemeinschaftsbildung. Im Verständnis der Bibel ist ein Fest die unmittelbare Erfahrung der Wirksamkeit Gottes unter uns, die im Kult, im Gebet und in Freude erlebt wird. Das biblische Fest verweist uns auf das Thema des Wechsels und des rechten Verhältnisses von „Arbeit und Erholung"; damit klingt das fundamentale Thema von Schöpfung und Neuschöpfung an.

Die Frage muß aber in der aktuellen wirtschaftlichen Situation gelöst werden. „Erholung" kann zu einer Form der Entfremdung werden, wenn sie nur noch dazu dient, die Arbeitsleistung zu steigern. Damit würde sie geradewegs zu einem Moment der Ausbeutung umfunktioniert.

Das Fest ist jedoch wirklich ein Ausstieg aus diesem Rhythmus. Im Fest nimmt der Mensch das Heil Gottes in sich auf, das gegenüber dieser Welt neu und von ihr verschieden ist; und dieses Heil ist eine ganzheitliche Erfahrung, die als grundlegende Heilserfahrung erlebt wird.

Für den Christen ist es die Erfahrung des Glaubens an die Auferstehung Jesu, die Erfahrung der Wiedergeburt in der Taufe und die Erfahrung der Eucharistie, die als Fest und Freude über das empfangene Heil erlebt werden.

Freiheit

Die Seligpreisungen sind das Manifest der inneren Freiheit des Menschen, die in der Haltung der völligen Distanz gegenüber dem Besitz besteht. Wenn wir glauben, unser eigenes Leben und das Leben anderer ohne diese grundlegende Distanz gestalten zu können, werden wir zu Sklaven der Dinge und der Verpflichtungen, der Erwartungen der anderen und des Bildes, das die anderen von uns haben. Die Freiheit der Seligpreisungen ist die Freiheit der Kinder Gottes, die sich nicht um das Morgen sorgen, weil sie sich dem himmlischen Vater anvertrauen. Es ist eine Freiheit, die einem nicht schnell zufällt, sondern die wachsen muß. Es dauert viele Jahre, braucht viel Mühe und bringt viel Not mit sich, sie zu erwerben.

Wir sind also auf dem Weg zur wahren Freiheit, zu der Christus uns befreit hat, und wenn wir von unseren Sünden losgesprochen werden und die Eucharistie empfangen, gehen wir einen wichtigen Schritt voran. Es ist ein Weg, der uns ganz fordert. In der Geschichte der christlichen Spiritualität wird er mit einem Doppelbegriff umschrieben: „aktive Läuterung" und „passive Läuterung".

Die aktive Läuterung besteht, modern gesagt, im Wissen um die freie Wahl und damit im Wissen um die Möglichkeit, um eines höheren Gutes willen Nein sagen und verzichten zu können.

Diese aktive Läuterung führt aber noch nicht zur vollen Freiheit, sondern es bedarf dazu noch des läuternden Handelns Gottes selbst, der passiven Läuterung. Es ist von größter Wichtigkeit, daß wir die läuternde Hand Gottes in unserem Leben entdecken: im Gebet, in Freundschaften, in den persönlichen Beziehungen, in der Öffentlichkeit, im Geschäftsleben, in der Krankheit, im Überdruß und in den Enttäuschungen des Lebens.

Gott läutert uns durch unzählige Vorfälle und in unzähligen Situationen, und wir sollten uns seinem Handeln gelassen anvertrauen. Wir dürfen loslassen in der Sicherheit, daß er uns liebt und daß seine Hand weiser ist als wir selbst.

Freiwilliges Soziales Jahr

Das Freiwillige Soziale Jahr ist eine bewußte Entscheidung. Wer sie trifft, tut dies, weil er den Schrei der Unterdrückten hört, die Bedürftigkeit der Armen sieht und begreift, daß es nötig ist, sich in der Geschichte zu engagieren und zu verwirklichen. „Ich habe den Schrei meines Volkes gehört" (vgl. Ex 3,7).

Es ist eine Entscheidung, die einerseits geprägt ist vom prophetischen Impetus, jede Ungerechtigkeit, jedes Elend und die sie verursachenden Bedingungen anzuprangern und die Unmenschlichkeit von Strukturen und Menschen, die in solchen Strukturen das Böse und die Unterdrückung der anderen betreiben und aufrechterhalten, anzuklagen.

Auf der anderen Seite ist sie zugleich – nicht in Worten, sondern im gelebten Zeugnis – eine Einladung an alle, sich auf den Weg zu machen, Mut zu schöpfen und Hoffnung zu hegen. Diese Einladung ist um so wirksamer, als das Freiwillige Jahr auch neue Wege beschreitet, die noch unbegangen sind und die es erst zu entdecken und zu finden gilt. Und es stellt einen Akt des Vertrauens in den Menschen und für den Menschen dar, das es sich nicht bequem macht mit Aktivitäten, die weniger anstrengend sind und sichtbareren – aber oft unzureichenden – Erfolg versprechen.

In dieser Hinsicht eröffnet das Freiwillige Soziale Jahr auch neuen Handlungsspielraum für die Menschen unserer Zeit und vor allem für die Jugendlichen. Wir stehen vor Problemen, die es früher nicht gegeben hat und für die es deshalb keinen Sinn macht, Lösungen in der Vergangenheit zu suchen. Es ist vielmehr nötig, in neue Räume der Hoffnung, des Lebens und des Handelns vorzustoßen. Wer sich für das Freiwillige Soziale Jahr entscheidet, weiß das. Er ist sich bewußt, daß er neue Wege einschlägt, und er weiß auch, daß er dafür die Gabe der Unterscheidung braucht.

Freude

„Dies habe ich euch gesagt, damit meine Freude in euch ist und damit eure Freude vollkommen wird" (Joh 15,11). Der Herr spricht hier nicht von irgendeiner schnell vergänglichen Freude, die mit dem Gegenstand, an den sie gebunden ist, entschwindet. Er redet von *seiner* Freude, es handelt sich also um etwas, was ganz eng mit ihm verbunden ist. Dazu passen dann zwei weitere Worte, von denen das eine kurz davor, das andere nach der ersten Stelle steht: „Frieden hinterlasse ich euch, meinen Frieden gebe ich euch" (Joh 14,27), und: „Und ich habe ihnen die Herrlichkeit gegeben, die du mir gegeben hast" (Joh 17,22).

Diese Freude, die in Jesus ist, hat zu tun mit dem Geheimnis der Dreifaltigkeit; sie ist in Jesus, weil er der Sohn ist, sie ist in Jesus, der den Vater liebt und selbst vom Vater unendlich geliebt wird.

Diese Freude, von der Jesus wünscht, daß sie „in uns" sei, ist keine „Zugabe" zum Leben des Christen. Ohne diese Freude gibt es kein wirkliches christliches Leben

Es ist die Freude über die kostbare Perle, über den Schatz im Acker. Diese Freude gibt der Kirche ihre Lebenskraft, sie stärkt uns in den Mühen des Alltags und ist das herausragende Merkmal der christlichen Gemeinden.

Jesus begnügt sich nicht damit, daß seine Freude unsere Freude sei, er fügt hinzu: „Damit eure Freude vollkommen wird". Freude in Fülle, verströmende, überfließende Freude soll es sein.

Wie soll man sich das vorstellen? Die Apostelgeschichte zeigt uns, daß in den ersten Christengemeinden die Freude von Mal zu Mal in dem Maß wuchs, als sie das Geheimnis des Kreuzes erkannten. Die Apostel gingen weg vom Hohen Rat „und freuten sich, daß sie gewürdigt worden waren, für seinen Namen Schmach zu erleiden" (Apg 5,41). Als

Paulus und Barnabas in Antiochien in Pisidien verfolgt werden, lesen wir: „Und die Jünger waren voll Freude und erfüllt vom Heiligen Geist" (13,52). Um in das Geheimnis der Fülle dieser Freude einzutreten, müssen wir also unseren Blick auf den Gekreuzigten richten.

Wir können außerdem zur Freude der anderen beitragen, Helfer zu ihrer Freude werden (vgl. 2 Kor 1,24). Denn in jedem von uns steigt beim Hören des Wortes Gottes die Freude des Evangeliums auf. Wir nehmen dieses Wort in unser Herz auf, und es reift in den kleinen und großen Schwierigkeiten wie der Same im Gleichnis vom Sämann. Aus den Schwierigkeiten sprühen, wie aus Steinen, die man gegeneinander schlägt, die Funken der Freude.

Friede

Mit dem Thema Frieden sprechen wir die Beziehung von Mensch zu Mensch an. Wir kommen an den „Ort" von Annahme und Zurückweisung, wir rühren an die stärksten Leidenschaften, die wir in uns tragen, an die Gefühle, die die Menschen verbinden und in Gegensatz bringen. Wir rühren an den Bereich, aus dem alle Konflikte entspringen.

Wir sind uns alle darüber einig, daß der Friede kein Diskussionsgegenstand, sondern ein zu erstrebendes Gut ist. Friede ist ein Weg, der gegangen werden muß. Er ist ein Gut, das nur erreicht wird, wenn wir die notwendigen Voraussetzungen schaffen, damit er möglich wird. Und wenn wir das Ziel, Werkzeuge des Friedens zu sein, nicht ganz erreichen, dann möchten wir uns diesem Ziel zumindest soweit nähern, daß wir nicht länger Zerstörer des Friedens sind. Und hier beginnt das größte Leiden. Wir sagen, daß wir die Voraussetzungen für den Frieden schaffen wollen.

Aber wissen wir überhaupt, was Frieden heute konkret bedeutet, sind wir uns über die Voraussetzungen einig? Gesetzt den Fall, wir wären uns einig, sind wir uns sicher, daß wir bereit wären, sie auch wirklich zu setzen?

In dieser Situation sagen manche, daß wir wahrscheinlich nur Zeichen des Friedens setzen können, ohne die Aussicht, das Problem insgesamt und zufriedenstellend anpacken zu können. Wie dem auch sei, uns überkommt die Angst, daß die Voraussetzungen des Friedens, auch wenn sie grundsätzlich geklärt sind und zwischen allen Übereinstimmung herrscht, in der Welt, wie sie heute ist, nicht realisierbar sind. Folgerichtig müssen wir uns fragen, wie wir Zeichen des Friedens setzen können in einer Welt, die nur wenig Möglichkeiten des Wandels bietet.

Wir befinden uns also, befangen in scheinbar wirklichkeitsfremden Vorstellungen, auf scheinbar unwegsamen Straßen. Zugleich ist uns klar, daß der Friede eine unumgängliche Notwendigkeit ist, eine Frage von Leben und Tod.

Fürsprache

Fürsprache heißt nicht einfachhin *für* jemanden *sprechen*, wie das Wort nahelegen könnte. Der wahren Bedeutung kommt der Ausdruck „für jemanden eintreten" näher, der auch noch das lateinische Wort *inter-cessio*, dazwischentreten, anklingen läßt. Fürsprache einlegen heißt für jemanden eintreten, heißt einen Schritt tun und sich mitten in eine Situation stellen. Für jemanden eintreten heißt dann, sich dort hinstellen, wo der Konflikt stattfindet, sich zwischen die Konfliktparteien stellen.

Es geht also nicht nur darum, an einem geschützten Ort vor dem Herrn eine Bitte auszusprechen („Herr, schenke uns Frieden!"). Eintreten, dazwischentreten, ist eine viel ernstere und schwerwiegendere Angelegenheit, die uns in die Situation verwickelt und die gefährlich werden kann.

Dazwischentreten heißt sich hinstellen, ohne zurückzuweichen, ohne wegzulaufen; es heißt versuchen, beiden Parteien die Hand auf die Schulter zu legen und das damit verbundene Risiko auf sich zu nehmen.

Es gibt diesbezüglich in der Bibel eine aufschlußreiche Stelle. Als Ijob verzweifelt vor Gott steht, der ihm wie ein Widersacher erscheint, mit dem es keine Verständigung gibt, ruft er aus: „Gäbe es doch einen Schiedsmann zwischen uns! Er soll seine Hand auf uns beide legen" (Ijob 9,33). Ijob wünscht sich also nicht jemanden, der von ferne zum Frieden mahnt oder dazu, um den Frieden zu beten. Er hält Ausschau nach einem, der sich in die Mitte stellt, der die Situation unmittelbar miterlebt und seine Arme nach rechts und links ausbreitet, um zusammenzuführen und Frieden zu schaffen.

Und genau dies tut Jesus Christus am Kreuz.

Wir begreifen jetzt, daß eine wirkliche christliche Fürsprache eine schwierige Sache ist. Sie kann nur im Heiligen Geist geschehen, und wir wissen, daß nicht alle begreifen werden, was geschieht.

Wenn sie einen Wunsch weckt, dann diesen: in diesem Moment an den Orten des Konflikts zu sein, auf den Straßen, wo wehrlose Bürger bedroht und getötet werden. Ohne Aktionismus dort stehen, ohne politische Demonstration und ohne Aufsehen, im Vertrauen allein auf das Dazwischentreten. Dort stehen, wie Maria zu Füßen des Kreuzes stand, ohne jemanden zu verdammen, ohne zu verurteilen, ohne sich über die Ungerechtigkeit zu beschweren oder über jemanden zu schimpfen.

Gastfreundschaft

Es gibt in den Patriarchenerzählungen der Genesis die Geschichte von dem Besuch dreier Männer bei Abraham, die als wichtiges Symbol für die Gastfreundschaft gelesen werden kann. Abraham sagt zu dem Fremden mit den zwei Begleitern: „Mein Herr, wenn ich dein Wohlgefallen gefunden habe, geh doch an deinem Knecht nicht vorbei" (Gen 18,3). Er wird damit zum Symbol des Menschen, der die unwillkürliche Angst vor dem anderen, das Mißtrauen gegenüber dem Fremden, der ja ein Spion sein könnte, überwindet. Die Angst löst sich auf und verwandelt sich in ein Angebot zur Gemeinschaft: Komm in mein Haus, sei mein Gast!

In der Apostelgeschichte hören wir von der Purpurhändlerin Lydia. Als Paulus in Philippi predigt, sagt sie zu ihm: „Wenn ihr überzeugt seid, daß ich fest an den Herrn glaube, kommt in mein Haus, und bleibt da" (Apg 16,14). Und für die ersten Jünger, die als Wanderapostel unterwegs sind, wird die Gastfreundschaft die grundlegende Voraussetzung ihres Wirkens: Mit ihnen nehmen die Menschen, die zu Brüdern und Schwestern geworden sind, das Geheimnis Gottes auf.

Die Gastfreundschaft ist deshalb auch eines der großen Symbole der Freundschaft. Wie wir wissen, gehört sie im Orient zu den Grundpfeilern von Sitte und Brauchtum. An ihr läßt sich ablesen, wer ein Ehrenmann, wer wahrhaft Mensch ist. Die Bereitschaft, jeden zu jeder Zeit und Stunde gastfreundlich aufzunehmen und ihm alles freudig zur Verfügung zu stellen, ist für den Orientalen eine Verpflichtung, die sehr ernstgenommen wird (auch wenn die Ehefrau darüber manchmal weniger begeistert ist).

Gebet

Das Gebet ist in gewisser Weise das eigentliche Sein des Menschen, der sich im Licht Gottes betrachtet. Er erfährt auf diese Weise, wer er ist, und im Erkennen seiner selbst erkennt er zugleich die Größe Gottes, seine Heiligkeit, seine Liebe, seine Barmherzigkeit. Er erkennt die ganze göttliche Wirklichkeit und den göttlichen Heilsplan, wie sie in Jesus, dem gekreuzigten und auferstandenen Herrn, geoffenbart wurden.

Bevor es noch als Wort ausgesprochen wird, ja bevor es als Gedanke formuliert wird, ist das Gebet eine Weise der Wahrnehmung der Wirklichkeit, die im Lob, in der Anbetung, im Dank, in der Bitte um Barmherzigkeit an jenen, der Grund und Quelle allen Seins ist, Ausdruck sucht und findet.

Als die wichtigsten Momente dieser Grunderfahrung, die umfassend und zugleich ganz konkret ist, lassen sich benennen:

– die Wahrnehmung der Hinfälligkeit der Dinge, die dem Heilsplan Gottes nicht entsprechen. Sie wandelt sich in die Bitte, uns aus der Fallgrube der Bedeutungslosigkeit und der Leere zu erretten;

– die Wahrnehmung der Gegenwart Gottes, der die Fülle des Lebens ist. Wo etwas ist, das wahrhaft existiert, ist er nicht fern und nie abwesend;

– die Wahrnehmung des lebendigen Christus, in dem der göttliche Heilsplan zusammengefaßt und Person geworden ist. Sie ist Voraussetzung und Fundament für die Würdigung und Verwirklichung einer lebendigen Gemeinschaft mit dem einzigen Herrn und Heiland;

– die Wahrnehmung, daß der Wille des Vaters, in Christus, die absolute Norm des Lebens ist. Das Gebet ist dann nicht mehr der Versuch, den Willen Gottes unserem Willen anzupassen, sondern es wird zum immer wieder erneuerten Bemühen, unseren Willen dem Wollen des Vaters anzugleichen;

– die Wahrnehmung der Wirklichkeit des Heiligen Geistes, der Ursprung und Quelle allen kirchlichen Lebens ist. Da er es ist, der in uns betet, wird das Beten Ausdruck der Sehnsucht, aus der Einsamkeit und Verschlossenheit des Individualismus auszubrechen, es wird zur Bitte, daß wir uns für das Reich Gottes öffnen, das in den Herzen und unter den Menschen, das heißt in der Kirche, aufgerichtet wird;

– die Wahrnehmung des Kreuzes als Sieg über das Böse, das in uns und um uns ist. Sie macht aus dem Gebet eine Haltung des Protests gegen die Sünde, die Ungerechtigkeit, gegen die „Welt", und sie weckt die Sehnsucht nach dem himmlischen Jerusalem, wo alles heilig ist.

Gegenwart Jesu

Alles, was wir sind und tun, findet im Horizont Gottes statt. Gott ist die Mitte, das Herz der gesamten Wirklichkeit, durch ihn und in ihm ist alles, und er ist in allem.

Und Jesus, Sohn Gottes und zweite göttliche Person, ist der Horizont der gesamten Geschichte, allen Lebens, jeden Tages. Der auferstandene Jesus ist mitten unter uns, er ist die lebendige Mitte seiner Kirche. Er ist unter uns gegenwärtig nicht mehr mit seiner Wundermacht (die er nur bedachtsam und zurückhaltend eingesetzt hat), sondern auf unsichtbare und geheimnisvolle Weise, so wie es dem Geheimnis Gottes entspricht: in jener leichten und nahezu unmerklichen Aura des Geheimnisses Gottes, die aber von denen, die aus Gott geboren sind, sehr wohl wahrgenommen wird.

Jesus ist gegenwärtig in seinem Wort, das in der Heiligen Schrift niedergelegt ist und von der Kirche verkündigt wird. Wenn wir dieses Wort hören, sind wir mit dem Auferstandenen verbunden, und unser Herz klopft vor Freude. Es spürt die innige Übereinstimmung, die unzertrennbare Beziehung, die zwischen uns und dem auferstandenen Jesus geknüpft wurde, und es weiß, daß diese Verbindung durch die Verkündigung des Wortes Gottes gestärkt wird. Dieses Wort wirkt wie ein kräftiger elektrischer Strom, der das Innerste unseres Herzens erbeben läßt.

Jesus ist in uns gegenwärtig, wenn wir die Sakramente empfangen. Wenn wir jene einfachen Gesten und Worte verrichten, spüren wir, daß er auferstanden ist und lebt.

Jesus ist im Herzen jedes Menschen gegenwärtig, der glaubt und hofft, er lebt im Herzen der Menschheit, die ihm gehört, und er ist im Herzen seiner Kirche gegenwärtig. Jesus ist überall dort, wo man seiner feierlich gedenkt und wo man ihn liebt. Er ist in den Kleinen, in den Kranken, in den Gefangenen, in den Ausgegrenzten, im einsamen und mittellosen Fremden. Er ist in denen, die verlassen und im Stich gelassen wurden. Er ist in den ärmsten Völkern der Welt. Er ist gegenwärtig in den Familien, die leiden, die abgeschoben werden, die nicht in der Lage sind, ihren Lebensunterhalt zu bestreiten. Er tritt überall ein, wo Leid herrscht, und er vermag es in der Kraft des Heiligen Geistes zu wenden. Das ist die Bedeutung des Ausrufs: Wir haben den Herrn gesehen!

Gehorsam

Die Beziehung Jesu zu seinem Vater ist die Lichtquelle, die sein Leben, sein Leiden und seinen Tod erleuchtet. Es geht nicht nur darum, daß Jesus mutig wählt zwischen

Leben und Tod, zwischen Freude und Leid, daß er den schmalen und schwierigen Weg des Zeugnisses wählt. Er wählt zwischen einem Leben ohne den Vater und der Annahme des Todes mit dem Vater. Er wählt den Gehorsam, den Willen des Vaters, das Sein mit ihm bis zum Ende.

Jesus hat eine intensive, von leidenschaftlicher Liebe geprägte Kenntnis vom Angesicht des Vaters, das er stets sieht (vgl. Mt 18,10). Sie läßt ihn verstehen, daß die Entscheidung für den Willen des Vaters – auch wenn sie Leid und Tod bedeutet, wodurch er mit uns sündigen Menschen vollkommen solidarisch wird – eine Entscheidung ist, die ihn über die Liebe in die Fülle der Auferstehung führen wird.

Und auch jede unserer Entscheidungen wird in diese Perspektive mit hineingenommen.

Wenn der Christ die Entscheidung trifft, sein Leben hinzugeben, sich in den Dienst der anderen zu stellen, das Kreuz auf sich zu nehmen, den Brüdern die Füße zu waschen, den Anforderungen eines vom Evangelium verwandelten Lebens in der Familie, in der Gesellschaft, in der Schule, in der Arbeit, zu entsprechen, auch das Leid auf sich zu nehmen, das eine solche Entscheidung zur Folge hat – nämlich die Verlassenheit Christi in seiner Passion –, dann macht er dies nicht aus einer seltsamen Leidenssehnsucht heraus. Er tut dies alles, weil er das Angesicht des Vaters gesehen und verstanden hat, daß die Kraftquelle des Lebens im Willen des Vaters liegt, auch wenn damit Opferbereitschaft bis zur Hingabe des Lebens gefordert ist.

Geist des Herrn

Es ist der Geist des Herrn, der uns in das österliche Geheimnis einführt, in das Geheimnis des Kreuzes, das für die Menschen Torheit und Ärgernis, für die Berufenen aber

Gottes Kraft und Gottes Weisheit ist (vgl. 1 Kor 1,18–31). Er schafft nicht eine äußerliche Zustimmung, die vom Willen bestimmt ist (weil es notwendig ist, weil das Handeln dann effektiver wird), sondern er legt die tiefen Fundamente einer Bekehrung zum Geheimnis des Kreuzes.

Der Geist fördert die Zusammenarbeit und die Einheit innerhalb der Gemeinde, er gibt auch das demütige Wissen, daß alle Geistesgaben Geschenke, Gnadengaben sind, die dem Wohl der gesamten Gemeinschaft untergeordnet werden müssen. Das Wirken des Geistes hat seinen Höhepunkt in einer Liebe, die nicht Projekt des Menschen ist, sondern Teilhabe an der Haltung der Geduld, der Verfügbarkeit, der *Chesed*, der zärtlichen Liebe, die Gott und seinem Christus eigen sind.

Es wäre aufschlußreich, die näheren Bestimmungen der Liebe in der Aufzählung der Gnadengaben im Hohelied der Liebe des Ersten Korintherbriefs (vgl. 1 Kor 13) zu analysieren und herauszuarbeiten, welche biblischen Modelle und christologischen Bezüge in der Wortwahl dieses Hymnus anklingen.

Gemeinde

Mitten in einer Welt des Unglaubens und angesichts der Übermacht von weltlichen Interessen, die dem Evangelium fremd gegenüberstehen, stellen wir als Leib Christi, als christliche Gemeinde tatsächlich nur eine kleine Herde, ein Senfkorn, ein Quentchen Hefe dar. In dieser Situation ist es jedoch wichtig, sich nicht in Gegenüberstellungen und Vergleichen zu verlieren, sondern zu bekennen: Herr, du lenkst und leitest uns, wir sind dein Leib, du garantierst das Leben der Wirklichkeit, die diesen Leib bildet.

Die Betrachtung dieser Fülle Gottes in uns gibt uns die

Kraft und die Gelassenheit, unseren Weg zu gehen und Werkzeuge des Evangeliums zu sein, wo und wie Gott es von uns verlangt.

Diese lebendige Wirklichkeit des Leibes Christi ist die Offenbarung des Geheimnisses Gottes. Wir sind die Verlängerung der Sendung des Sohnes in der Zeit, die Kundgebung, das Zeichen der Liebe, mit der der Vater den Sohn und der Sohn den Vater liebt. Es geschehen in uns und durch uns Dinge, über deren Bedeutung wir nur stammeln können, weil sie unsere Fassungskraft unendlich übersteigen. Wir können den höchsten und absoluten Wert, der der Existenz jedes Menschen Sinn verleiht, nur als den Grenzwert erahnen, der allem, was es gibt auf der Welt, seinen Wert verleiht. Es ist das Geheimnis der Dreifaltigkeit: Der Vater liebt den Sohn, der Sohn liebt den Vater, und ihre vollkommene Liebe ist die Person des Heiligen Geistes.

Arm und begrenzt, wie wir sind, können wir doch mit unserem Leben „die wunderbare, unbegrenzte Macht des Heiligen Geistes in der Kirche" aufzeigen (vgl. II. Vatikanisches Konzil, Lumen gentium 44).

Von Gott geliebt, von ihm mit Gnade und Vergebung beschenkt, gehen wir einen gemeinsamen Weg, indem wir einander annehmen und einander vergeben: so offenbaren wir der Welt die Liebe Gottes.

Gerechtigkeit

Das Wort Gerechtigkeit bedeutet in der Bibel nicht einfach nur die Gerechtigkeit im Sinne des Gesetzes oder die soziale Gerechtigkeit, sondern es meint die Gerechtigkeit des Evangeliums: „Euch aber muß es zuerst um das Reich Gottes und seine Gerechtigkeit gehen; dann wird euch alles andere dazugegeben" (Mt 6,33). Es ist dies die

Gerechtigkeit, die dem Abraham angerechnet wird (Gen 15,6), in diesem Sinn ist Josef, der Verlobte Marias, ein gerechter Mann, und in diesem Sinn spricht Petrus von Jesus als dem „Heiligen und Gerechten" (Apg 3,14).

Wie ist diese Gerechtigkeit des Reiches Gottes als wichtigstes Kennzeichen des Christen zu verstehen? In der Bibel wird vor allem betont, die vollkommene Gerechtigkeit oder Heiligkeit (oder, wie man auch sagen könnte: ein Leben im Dienste der Liebe) bestehe im Leben nach dem Willen Gottes, in einem Leben, das sich in allem auf Gott bezieht und Gott als inneren Grund und Antrieb allen Handelns erfährt.

Ein Leben, das sich in allem auf Gott ausrichtet, ist ein Leben der Nachahmung Gottes. Das letzte Ziel, auf das alle christlichen Haltungen und Verhaltensweisen und die gesamte christliche Moral ausgerichtet sind, besteht in der Nachahmung Gottes. Ganz klar kommt dies zum Beispiel in der Bergpredigt zum Ausdruck, wenn Jesus nach den einzelnen Beispielen für das Verhalten des Jüngers abschließend sagt: „Ihr sollt also vollkommen sein, wie es auch euer himmlischer Vater ist" (Mt 5,48).

Und auch im Brief an die Epheser faßt der Apostel die verschiedenen Mahnungen zu einem christlichen Leben mit der Ermahnung zusammen: „Ahmt Gott nach als seine geliebten Kinder" (Eph 5,1).

Geschichte

Was bedeutet „Geschichte" im Licht des Glaubens? Es scheint mir sinnvoll, bei der Antwort auf diese Frage von der Bibel auszugehen.

Ich wähle einen Abschnitt aus der Bergpredigt, die Stelle, an der Jesus von den guten Werken spricht: vom Almosen, vom Gebet und vom Fasten. Er stellt hier zwei Verhaltens-weisen gegenüber, wir können auch sagen: zwei Arten von Geschichte, zwei Geschichten.

Die eine Geschichte ist die Geschichte von dem, der Al-mosen gibt und dies vor sich „herposaunt", „wie es die Heuchler in den Synagogen und auf den Gassen tun, um von den Leuten gelobt zu werden" (Mt 6,2). Sein Tun wird „Geschichte", weil es dokumentiert werden kann, weil er es für die Öffentlichkeit inszeniert: Ein bestimmtes Handeln wird herausgestellt, die Menschen sehen es für bedeutsam an, es macht Geschichte.

Es gibt aber noch eine andere Art von Werken und eine andere Weise des Handelns: das Handeln, wobei die linke Hand nicht weiß, was die rechte tut (Mt 6,3). Es ist ein stilles Handeln, ein Handeln im Verborgenen, das nicht geeignet ist, Geschichte im herkömmlichen Sinn zu werden, da niemand davon erfährt, gewissermaßen nicht einmal die handelnde Person selbst. Dieses Handeln bringt kein Anse-hen, es hat kein Gewicht, keine Bedeutung. Doch der Vater, der auch das Verborgene sieht, sieht diese zweite Art, Al-mosen zu geben.

Auch beim Beten ist es so. Es gibt das Gebet in der Öf-fentlichkeit, es gibt Menschen, die sich in die Gotteshäuser und an die Ecken öffentlicher Plätze stellen, wo sie sich fotografieren und filmen und für soziologische Untersu-chungen befragen lassen. In diesem Sinn machen sie Ge-schichte. Es gibt aber auch das Gebet in der eigenen Kam-mer, bei verschlossener Tür, von dem niemand etwas weiß und das auch nicht in geistlichen Tagebüchern veröffent-licht wird. Es wird nur vom Vater gesehen, Jesus bekräftigt aber, daß dieses Gebet es ist, das Geschichte macht, Ge-wicht und Bedeutung hat.

Und es gibt zu bestimmten heiligen Zeiten das Fasten vor den Menschen, das Bewunderung erregt und Geschichte macht; es gibt aber auch das Fasten im Verborgenen, das der Vater vergilt und das in Jesus Ruhm erntet.

Geschichte im prägnanten Sinn des Wortes, im positiven und vollen Sinn, ist das, was bei Gott zählt, und nicht das, was die Menschen sehen, aufzeichnen und für wichtig halten.

Geschichte ist, was Gott gutheißt, während alles andere vorbeigeht und sich in der Geschichte verliert.

Gesetz

Was versteht die Bibel unter „Gesetz"? Es kann damit der Inhalt des Alten Testaments, der Heiligen Schrift der Juden, gemeint sein. So sagt Jesus zum Beispiel: „Heißt es nicht in eurem Gesetz: Ich habe gesagt: Ihr seid Götter?" (Joh 10,34). Die Aussage steht im Psalm 82, und das bedeutet, daß auch die Psalmen, die ja außerhalb der Bücher des Mose stehen, zum Gesetz gezählt werden.

Dennoch gilt, daß „Gesetz" in den meisten Fällen (besonders bei Lukas) die fünf Bücher des Mose meint, die Tora (in der Bedeutung von Lehre, Unterweisung).

Abgesehen von den Büchern bedeutet Gesetz auch die Offenbarung, die Gott Israel übergeben hat, damit es sein Leben an Gott ausrichte (und das ist der tiefere Sinn des Wortes Tora); so verstanden, ist das Gesetz unlösbar mit Gott verbunden.

Der Bibelwissenschaftler Xavier Léon Dufour drückt das in seinem Neutestamentlichen Wörterbuch mit einem Sprachspiel so aus: „Wenn der Dekalog nicht zu einem Dialog wird, erstarrt er zu einem Katalog."

Gewalt

Das größte Übel unserer Zeit, die größte Plage, geradezu eine Pest, ist die Gewalt in allen ihren Formen.

Das reicht von der politischen Gewalt, die zu den grausamen Verirrungen des Terrorismus geführt hat – ich sehe heute noch das Blut der Menschen, die am Arbeitsplatz, in Universitätshörsälen oder wenige Schritte von ihren Wohnungen entfernt unschuldig getötet worden sind – , bis zur kriminellen Gewalt, die – als Raubüberfall oder als Vergeltungsschlag – auf unseren Straßen und in unseren Häusern Blut fließen läßt. Und es geht bis zur Gewalt gegenüber dem werdenden Leben, die zu den traurigsten und bittersten Plagen unserer Zeit gehört und zahllose Opfer fordert, die keine Stimme haben und die niemand verteidigt.

Und dann gibt es die gesellschaftliche Gewalt, die sich in jeder Form von Ungerechtigkeit ausdrückt; sie schadet vor allem jenen, die die Früchte ihrer Arbeit oder ihre Ersparnisse nicht verteidigen können; es gibt die Gewalt, die mit unserer Wirtschaftsordnung und ihren Strukturen ausgeübt wird und den Hungertod von Millionen Menschen zuläßt.

Und es gibt schließlich den Krieg – die Zusammenfassung aller Gewalt und gesellschaftlichen Abirrungen –, der in so vielen Ländern der Welt Blut fließen läßt. In den Waffenarsenalen, mit denen die Vernichtung der Menschheit möglich ist, ist er überall, auch bei uns, als tödliche Bedrohung gegenwärtig.

Diese Bedrohung ist zu einer Geißel der Menschheit geworden, wie es sie in der Geschichte noch nie gegeben hat. Selbst die grausamsten Beschreibungen von Seuchen und Katastrophen verblassen ihr gegenüber.

Gewaltlosigkeit

Wer sich näher mit der Kultur und Religion der Indianer befaßt, wird den Eindruck gewinnen, daß die Gewaltlosigkeit in einem bestimmten Geistes- oder Seelenzustand begründet ist. Man könnte diesen Zustand den Frieden der Seele und des Herzens nennen.

Es handelt sich um einen Zustand bzw. eine Wirklichkeit, die man nicht deswegen anstrebt, weil es ein Gut wäre, das in sich wertvoll ist oder aus politischen Erwägungen nützlich erscheint, es geht vielmehr um eine innere Haltung, die jedem konkreten Engagement vorausliegt. Der Weg dahin ist natürlich sehr lang, und es ist ein mühsamer Weg, der ohne Askese nicht beschritten werden kann. Wir müssen lernen, daß in uns allen die Wurzeln des gewalttätigen Handelns vorhanden sind: in unseren instinktiven Gesten, in den Gefühlsreaktionen, in unseren Affekten und Antipathien, in den Vorentscheidungen, die wir zugunsten der einen gegenüber den anderen treffen. Selbst wenn es uns gelingt, alle diese Regungen, zumindest auf der Bewußtseinsebene, dadurch zu bemänteln, daß wir uns zivil zu benehmen wissen, bleiben sie doch als starke Antriebe einer gewalttätigen Gemütsverfassung in uns wirksam. Wir sollten gerade in der Familie und in den persönlichen Beziehungen darauf achten, wie oft in uns solche Gefühle der Zurückweisung, der Ablehnung, des herabsetzenden Vergleichs, der Rache und des Grolls unterschwellig wirksam sind.

Gewissen

Das unscheinbare und geheimnisvolle Wort „Gewissen" hat sich in der Geschichte der Menschheit erst allmählich herausgebildet. So mag es überraschen, daß es zum Beispiel im Alten Testament keinen bestimmten Ausdruck gibt, der bezeichnet, was wir „Gewissen" nennen; die damit gemeinte Wirklichkeit, die es natürlich gegeben hat, wird mit einem Wort bezeichnet, das die Vorstellungskraft viel stärker anregt, nämlich mit „Herz". Auch wir legen ja instinktiv die Hand aufs Herz, wenn wir sagen: „Bei meinem Gewissen!" Offensichtlich wollen wir auf etwas in unserm Innern hinweisen, auf etwas Unveräußerliches, Kostbares, worauf wir um kein Gut der Welt verzichten würden.

Das Gewissen ist keine feste Größe, es wird nicht ein für allemal gebildet, als wäre es eine Art Edelstein, den wir im Herzen tragen und dessen Widerschein wir nur wahrzunehmen brauchen.

Das Gewissen hat im einzelnen Menschen und in der Menschheit als ganzer eine Geschichte, in deren Verlauf es sich bildet. Es erwacht im zarten Alter der Kindheit, unter der Obhut von Vater und Mutter, es wird in der Schule geformt, in der Jugendgruppe der Pfarrei; Eltern und Erzieher formen das Gewissen.

Da das Gewissen also in einer von erzieherischer Verantwortung geprägten Geschichte wächst, können wir uns darauf nicht verlassen, als sei es eine vom Himmel gefallene Gegebenheit. Was sich im Gewissen meldet, ist unser Verständnis, unser Wissen um das Gute und Böse, das sich mit den guten und positiven Erfahrungen, die wir machen, festigt und jedes Mal Schaden leidet, wenn wir es unterdrücken oder willentlich negative und auf Abwege führende Erfahrungen machen.

Das Gewissen reift, es wird so licht und klar, daß das Wort Jesu zutrifft: „Selig, die ein reines Herz haben; denn sie werden Gott schauen" (Mt 5,9). Wir können es aber auch blind werden lassen oder ersticken; dann gilt uns die Warnung Jesu: Weh euch, ihr Blinden, ihr seid blinde Führer (vgl. Mt 23,16–24).

Glaube

Der Glaubensakt ist der fundamentale Vollzug des Gläubigen, der uns zu Gläubigen macht und unsere gesamte Existenz als Christen bestimmt. Er ist ein auf vernünftigen Prämissen beruhender Akt, aber dennoch nicht nur eine Konklusion aus den Prämissen, und er ist keine zwingende logische Deduktion.

Wir können die Prämissen prüfen, wir können beobachten, wie sie sich gegenseitig stützen, aber der Glaube selbst ist ein Geschenk des Heiligen Geistes. Er leuchtet plötzlich auf, wenn der Mensch sich dem Geist Gottes anvertraut, und führt zu dem impulsiven Ausruf: „Es ist der Herr!" Dies ist nicht nur eine sprachliche Äußerung, sondern eine Erschütterung der ganzen Person. Sie geht aus sich heraus und begibt sich in die Obhut dessen, den sie erkannt hat.

Der Mensch, der, erfüllt von Leidenschaft und Begeisterung, so aus sich herausgeht, tut dies nicht um eines Phantasiegebildes willen. Es ist nicht eine Wirkung seiner Vorstellungskraft, es ist die Person Gottes selbst, die ihn mit ihrer Güte und ihrer Anwesenheit an sich zieht: Es ist dies das Geschenk des Glaubens, Grund und Voraussetzung jeden Gebets, jeder Katechese, jeden Apostolats, der gesamten Pastoral und jeden Zeugnisses.

Wenn wir Zeugen sein wollen, glaubwürdige Zeugen, müssen wir uns erinnern, daß alles an diesem aus dem Herzen kommenden Ausruf hängt: „Es ist der Herr!"

Gleichnis

Warum hat Jesus in Gleichnissen gesprochen? Bekanntlich werden dafür mehrere Gründe angeführt.

Ein Grund, der genannt wird, ist historisch-politischer

Art und lautet: Jesus wollte damit verhindern, daß seine Lehre mit der Lehre eines politischen Führers oder Reformers verwechselt würde. Das Volk mußte schrittweise an die Neuheit und den „revolutionären" Charakter seiner Unterweisung herangeführt werden, damit es sie nicht mit den politischen oder pseudo-messianischen Lehren der Zeit verwechselte.

Diesem historisch-politischen Grund ist eine weitere, tiefergreifende Begründung hinzuzufügen, das heilsgeschichtliche Motiv. Man hat es auch das Motiv des Messiasgeheimnisses genannt. Die Offenbarung des Geheimnisses des Reiches Gottes erfolgt danach so, daß es allmählich verstanden wird und das Herz immer mehr auf ein viel größeres Geheimnis hin vorbereitet und öffnet.

Zu diesen historisch-politischen und heilsgeschichtlichen Gründen für die Verwendung der Sprachform des Gleichnisses kommt noch ein zutiefst menschliches Motiv hinzu. Das Gleichnis – und jede andere Sprachform, die Rätsel und Anspielungen verwendet – bietet die Möglichkeit, die Vehemenz der Gefühle, deren unmittelbarer Ausbruch manchmal schwer erträglich wäre, abzumildern. Beim Hören eines Gleichnisses sind die Gefühle gedämpfter, leichter lenkbar, der Hörer kann behutsamer dazu gebracht werden, ruhig und ernsthaft nachzudenken. Die Sprache des Gleichnisses lädt dazu ein, sich auf einen Weg zu begeben. Damit ist sie die angemessene Form für den Versuch, ein unaussprechliches Geheimnis auszusagen.

Gottesdienst

Angesichts des Erbarmens Gottes ermahne ich euch, meine Brüder, eure Leiber (euch selbst) als lebendiges und heiliges Opfer darzubringen, das Gott gefällt; das ist für euch der wahre und angemessene Gottesdienst. Gleicht euch nicht dieser Welt an, sondern wandelt euch und erneuert euer Denken, damit ihr prüfen und erkennen könnt, was der Wille Gottes ist: was ihm gefällt, was gut und vollkommen ist" (Röm 12, 1–2).

Der Leib ist der Ort und das Werkzeug für die Begegnungen und Beziehungen unseres innersten Ichs. Die Darbringung dieses Leibes als Opfer besteht nach Paulus darin, sich dieser Welt nicht gleichförmig zu machen, sondern sich umwandeln zu lassen. Sie besteht in der Erneuerung des Denkens, die zu der Erkenntnis führt, was der Wille Gottes ist, was gut und vollkommen ist und Gott gefällt.

Es handelt sich also nicht um das schlichte Opfer, das ein Christ jeden Morgen Gott anbieten sollte („Ich opfere dir meinen Tag auf"). Es geht vielmehr darum, immer – vom Morgen bis zum Abend und vom Abend bis zum Morgen – „nein" zu sagen zu den götzendienerischen Zumutungen der Mächte dieser Welt. Das Opferwerkzeug, das ein solches geistliches Opfer zu bringen vermag, ist die Gabe der Unterscheidung, die erkennt, was der Wille Gottes ist, was das Gute ist, was ihm gefällt und vollkommen ist.

Und weiter. Um dem Willen Gottes zu entsprechen, genügt es nicht, das Gesetz zu kennen und es anzuwenden, sondern man muß die richtigen Entscheidungen zu treffen wissen: „Sucht zu erkennen, was Gott von euch will"; „ ... damit ihr beurteilen könnt, worauf es ankommt" (Phil 1,9f).

Wir leben den „wahren und angemessenen Gottesdienst", wenn wir unser gesamtes tägliches Leben verantwortlich leben, wenn wir es in der Gesinnung Jesu Christi leben, ihm gehorsam, wie er dem Vater gehorsam war. Wir suchen dann, was Gott gefällt, und geben uns nicht mit der materiellen Anwendung des Gesetzes zufrieden. Der wahre Gottesdienst besteht darin, einzutreten in den Gottesdienst, den der Sohn dem Vater darbringt.

Gotteshaus

Es gibt einen „lebendigen Tempel", der nicht an einem Ort steht, sondern auf dem Weg ist durch die Geschichte: das Volk der Gläubigen.

Im Zweiten Timotheusbrief faßt der Apostel den Reichtum der Charismen und Gnadengaben der Kirche in das Bild von einem großen Haus, in dem es verschiedene Gefäße gibt: nicht nur Gefäße aus Gold und Silber, sondern auch aus Holz und Ton (2 Tim 2,20), Gefäße, die die Zeiten überdauern, und Gefäße, die leicht in Scherben zerbrechen. Und dieses große Haus ist kein Gebäude, sondern ein Volk auf dem Weg. Die Kirche ist nicht irgendeine Gemeinschaft, und noch weniger ist sie eine Sekte oder eine Partei. Sie ist der Ort der Gegenwart Gottes und der Gegenwart Christi, der seinen Jüngern zugesagt hat: „Wo zwei oder drei in meinem Namen versammelt sind, da bin ich mitten unter ihnen" (Mt 18,20).

Die Kirche ist vor allem anderen eine Vereinigung von Menschen, die untereinander und mit Gott in Jesus Christus eine Einheit bilden.

Die Entscheidung für Jesus, der Wille, mit ihm eins zu werden, seine Gegenwart in uns, ist das wahre Gotteshaus, in dem die Geschichte und das gesamte Universum Platz haben. Es ist das Haus der Menschheit, der Lichtdom, der die Jahrhunderte überspannt und sie zur Vollendung führt.

Das Haus Gottes ist da, wo das Wort Gottes ertönt, wo es gehört wird als eine Stimme, die Worte des ewigen Lebens hat, wo sich jemand auf den Weg macht, um dem Wort zu folgen, wo man es annimmt als Geschenk des Lebens, das nicht mehr stirbt. Die Mitte dieses Gotteshauses, sein erster und letzter Grund ist Jesus Christus.

Götzendienst

Es geht gar nicht anders, als daß wir jemandem folgen, uns an jemandem orientieren. Wollten wir das Drama des Menschen der Gegenwart zusammenfassend ausdrükken, könnten wir sagen: Es ist nicht so, daß es Gläubige und Ungläubige gibt, Menschen, die sich an jemanden halten, und Menschen, die sich an niemanden halten, sondern: Es gibt nur Verehrer Gottes und Verehrer von Götzen.

Es gibt also nicht Gläubige und Ungläubige, es gibt nur Gläubige und Götzendiener. Dies ist auch ein Hauptthema der Bibel. Der große Gegensatz besteht nicht zwischen Glaube und Atheismus, sondern zwischen Glaube und Götzendienst. Es kann gut sein, daß wir uns auf dem Holzweg befinden, wenn wir glauben, wir müßten uns mit dem Atheismus herumschlagen. Ja, es könnte ein geschicktes Täuschungsmanöver des Teufels sein, eine Verwirrung in der Unterscheidung der Geister, daß wir den Götzendienst Atheismus nennen.

Die Schrift lehrt uns, daß es falsche Götter gibt – und nicht den Atheismus. Es stimmt nicht, daß das Heilige verschwindet, wahr ist, daß das Heilige in andere Bereiche auswandert.

Es gibt viele Götzen, die von allen Seiten auf uns eindringen: den Götzen der öffentlichen Meinung, den Götzen der Popularität, des guten Rufes, den Götzen der Sorge um die eigene Identität. Denn wenn der Herr nicht mehr im Zentrum steht, werden wir schließlich selbst zum Götzen. Der Kampf gegen die Götzen, den wir im gesamten Alten Testament finden, ist auch in der Gegenwart aktuell, und unser Wachstum im Glauben besteht darin, daß wir in und mit Jesus von einer unvollkommenen Erkenntnis Gottes zur Erkenntnis Gottes als Vater voranschreiten, wie Jesus ihn kennt.

„Zu wem sollen wir gehen?" (Joh 6,68). Wir müssen zu jemandem gehen, und wenn wir nicht zum Herrn gehen, gehen wir zu den Götzen oder machen uns selbst zum Götzen. Wenn wir nicht zum Herrn gehen, werden wir uns verirren, und wovon wir uns Rettung erwarten, wird uns ins Verderben führen.

Güter

Die Güter der gegenwärtigen Welt stehen in einer unauflöslichen Verbindung mit den Gütern der zukünftigen Welt. Und zwar können wir die gegenwärtigen Güter als Zeichen des Wohlwollens Gottes für den Menschen und als Vorwegnahme jenes Wohlwollens sehen, das der Mensch, mit Leib und Seele, in der Freude des endgültigen Kommens des Reiches Gottes empfangen wird. Die Güter dieses Lebens haben so mit der christlichen Hoffnung zu tun. Wohlbefinden, Gesundheit, Arbeit, Vermögen, Freude am Zusammenleben und am Aufbau der Gesellschaft sind für den Christen Ausdruck der Verheißung Gottes.

Allerdings ist diese Verheißung nicht an eine bestimmte menschliche Verwirklichung gebunden, sie bleibt vielmehr unverbrüchlich in der Freude und im Leid, im Licht und in der Dunkelheit. Ihre letzte Erfüllung schließt die einfachen zeitlichen Erfüllungen ein, überschreitet sie aber, ohne sie zu entwerten.

Auch wenn der Schatten des Kreuzes auf uns fällt, Gott steht zu seinen Verheißungen. Der Preis der Hoffnung ist die Entscheidung des Menschen, fest an die Verheißung Gottes zu glauben. Wir dürfen in den Gütern dieser Welt mit Dankbarkeit und Erstaunen die Vorwegnahme der göttlichen Gabe sehen, die wir in Fülle erwarten.

Handeln als Christ

Woran zeigt sich, daß unser Handeln christliches Handeln ist?

Unsere Handlungen sind christliches Handeln, erstens, wenn in ihnen unser persönliches Ja zum Herrn zum Ausdruck kommt, wenn sie Ja sagen zu dem, was Jesus mit mir vorhat, wenn sie seine Absicht mit mir nicht nur äußerlich, sondern aus ganzem Herzen bejahen.

Es ist dieses Ja, das jeder Handlung, wie gering und unbedeutend sie auch erscheinen mag, ihren Wert gibt.

Dieses Ja muß aus der Mitte der Person gesprochen sein, und es muß ein ursprüngliches Ja sein, das sich auf eine gewisse Unvorhersehbarkeit einläßt. Wir rühren hier an die Spiritualität des Handelns. Es ist unvorhersehbar wie der Heilige Geist, der weht, wo er will, ohne daß man weiß, woher er kommt und wohin er geht (vgl. Joh 3,8).

Der Christ, der mit seiner ganzen geschichtlichen Existenz aus der Mitte seiner Person und bedingungslos Ja sagt zu den Anforderungen Jesu, zeigt damit, daß er einen geistlichen Weg beschreitet und sich vom Heiligen Geist führen läßt.

Als ein zweites Merkmal christlichen Handelns läßt sich anführen, daß es ein uneigennütziges und unentgeltliches Handeln ist, in dem man alles gibt, was man hat.

Als Christ handelt, wer in allem ernsthaft handelt. Bemessen nach der Effizienz oder nach der Verhältnismäßigkeit von Ziel und Mittel mag er sich in dem einen oder anderen Fall irren, aber er wird sich immer, in allem, was er tut, mit aller Ernsthaftigkeit einbringen.

Was wirklich zählt, ist die Hingabebereitschaft, der konkrete Inhalt der Handlung ist demgegenüber weniger von Bedeutung. Es kann ein Handeln in politischer Verantwortung sein, es kann um das Studium gehen, die Familie oder die Arbeitswelt betreffen; es kommt darauf an, und es genügt, daß der Christ ernsthaft seine geschichtliche Existenz einbringt.

Unsere Handlungen gewinnen dann, drittens, als christliche Handlungen prophetischen Charakter.

Der einfache Christ, der entsprechend dem Glauben der Kirche handelt, nimmt diese prophetische Dimension nicht immer wahr. Aber christliches Handeln hat, wenn es dem Evangelium entspricht und im Geist der Seligpreisungen erfolgt, prophetischen Charakter. Es verkündet den Tod und die Auferstehung des Herrn, es vergegenwärtigt ihn und trifft in den Situationen des Lebens auf ihn.

„Wer euch aufnimmt, nimmt mich auf", auch wenn er nicht weiß, daß ich es bin, den er aufnimmt (vgl. Mt 10, 40; 25,35–40).

Handeln in der Welt

Es ist wichtig, daß wir uns in unserem Handeln von christlichen Werten leiten lassen. Ebenso wichtig ist es aber auch, daß wir uns, ohne den Anspruch des Evangeliums herunterzuschrauben, an den höchsten Werten der Menschheit orientieren, die nicht an ein bestimmtes Bekenntnis gebunden, sondern allen Menschen gemeinsam sind. Es geht, konkret gesprochen, um den Auftrag der Humanisierung. Dieser Auftrag wurzelt letztlich im Glauben an Christus. Wir können dies nicht leugnen, ohne uns selbst zu verneinen. Und da der Glaube ganz und gar Geschenk Gottes ist, sind wir aufgerufen, ihn in den unterschiedlichen Formen der jeweiligen Kultur an jeden Menschen weiterzugeben.

Der Christ ist aber als Schüler des Evangeliums auch aufgerufen, die „Differenz", die Besonderheit des Glaubens, zu wahren. Er muß wissen, daß die vom Evangelium geforderte Liebe das Maß des Menschen überschreitet, und er muß über die historisch-gesellschaftliche Dimension hinaus ihre eschatologische Kraft bezeugen.

Gerade weil sie im Geheimnis gründet, ist die christliche Nächstenliebe, ist die Kirche in der Lage, den menschlichen Vorhaben die Richtung zu weisen, für sie Energie bereitzustellen und, wo nötig, sie kritisch zu hinterfragen. Damit dieser Beitrag nicht oberflächlich und abstrakt bleibt, ist es erforderlich, Kompetenzen und Fähigkeiten technischer und politischer Art zur Gestaltung der Strukturen einer komplexen Gesellschaft mit ihren vielfältigen Verflechtungen klug einzusetzen.

Auf der Ebene der Institutionen übersetzt sich die christliche „Differenz" zum einen in eine solidarische Mitarbeit der Christen, zum andern zeigt sie sich darin, daß die Christen etwa das Leben höher einschätzen als die weltlichen Gesetze. Es ist dies ein Anzeichen und zugleich eine Vorwegnahme dessen, daß Christen den menschlichen Beziehungen höhere ethische Dichte zusprechen und daß sie sie auf einen transzendenten Horizont öffnen.

Heilige Schrift

Wenn wir vom Hören und Befolgen des Wortes Gottes sprechen, so kommt heute, in einer Zeit, in der jedermann lesen und schreiben kann, dem geschriebenen Wort eine besondere Rolle zu. In einer „Kultur des Buches" wird die Schrift zum aktuellsten, zeitgemäßesten Instrument der Annäherung an das Wort Gottes, sie wird zum unerläßlichen Instrument zur Förderung des Wachstums im Glauben.

Wichtig ist in dieser Situation, den individuellen, persönlichen Zugang zur Heiligen Schrift mit dem Zugang zu verbinden, wie er in der Predigt, durch das Lehramt, in der Liturgie, das heißt durch die Tradition im weitesten Sinne angeboten wird.

Wenn der mündige Christ am liturgischen Leben teilnimmt, folgt er dabei dem Zyklus der Schriftlesung und hört die Auslegung der Schrift in der Predigt. Jeder Christ hat eine allgemeine katechetische Unterweisung im christlichen Geheimnis erhalten. Als Gläubiger läßt er sich von den Dokumenten des Lehramtes belehren, die von Fall zu Fall die Wahrheit des Wortes Gottes für diesen oder jenen Lebensbereich auslegen. Wenn der mündige Christ diese Fülle der Möglichkeiten des Umgangs mit der Schrift wahrnimmt, dann kann er in aller Ruhe sich mit der Schrift in ihrer ganzen Komplexität befassen, denn im Rahmen des Angebots des Wortes Gottes, das ihm von der Kirche als ganzer entgegenkommt, wird er auch mit eventuellen Schwierigkeiten zurechtkommen.

Die neue Leseordnung ist diesbezüglich eine große Hilfe. Wer aufmerksam der Ordnung für die Festtage in ihrem dreijährigen Zyklus folgt und wer zudem regelmäßig auch die Ordnung für die Wochentage heranzieht, wird schrittweise, den liturgischen Festkreisen entsprechend, mit dem Heilsplan Gottes vertraut gemacht. Diese Vertrautheit mit dem Wort Gottes ist die beste Nahrung für das persönliche Glaubensleben.

Herz

Wie können wir uns vergewissern, daß unsere Nächstenliebe nicht etwas ist, was wir uns nur vormachen, sondern daß sie Ausdruck der Öffnung des Herzens ist?

Nun, die folgenden sieben Aufforderungen zu einem Le-

ben aus dem Geist, die der hl. Paulus an die Christengemeinde in Rom richtet, zeigen den Weg zur Öffnung des
Herzens (vgl. Röm 12,10–12).

– „Verabscheut das Böse"; der Abscheu gegenüber den
Skandalen in Politik und Verwaltung, wie er gegenwärtig in
der öffentlichen Meinung spürbar wird, ist zum Beispiel
durchaus positiv zu werten. Ungerechte Machenschaften
und kriminelle Absprachen zu verabscheuen, ist als Ausdruck der Nächstenliebe eine gute Reaktion.

– „Haltet fest am Guten"; haftet dem Guten so an, daß
ihr damit eine liebevolle Verbindung eingeht, seid eins mit
dem Guten, laßt euch von ihm nicht trennen, nicht durch
Angst und nicht durch auferlegtes Schweigen gegenüber
Unrecht.

– „Seid einander in brüderlicher Liebe zugetan" wie Mit-
glieder einer einzigen Familie.

– „Übertrefft euch in gegenseitiger Achtung"; das scheint
eine selbstverständliche Aufforderung zu sein, aber es ist
nicht so leicht, sie auch wirklich umzusetzen, das heißt, das
Herz zu öffnen und dem anderen zu sagen: Du bist mehr
wert als ich, und ich bin damit zufrieden.

– „Laßt nicht nach in eurem Eifer"; unter Eifer ist hier
die fürsorgliche Anteilnahme zu verstehen, die Sorge um
den anderen: Er liegt mir am Herzen, ich schicke ihn nicht
weg, schiebe ihn nicht zur Seite. Diese Verpflichtung, sich
um den anderen zu kümmern, zu tun, was nötig ist, wird
von der folgenden Aufforderung näher bestimmt.

– „Laßt euch vom Geist entflammen"; seid nicht lau, träge und überdrüssig wie einer, der nie Zeit findet, sich zu
engagieren und immer Entschuldigungen vorzubringen
weiß. Brennt darauf, gegen jede Form des Stillstands, der
spirituellen Stagnation anzugehen.

– „Dient dem Herrn"; diese siebte Aufforderung, die die
Reihe beschließt, ist die entscheidende. Das heißt, Paulus

gibt nicht gute Ratschläge, um zwischenmenschliche Beziehungen zu regeln, sondern er will, daß wir in jeder Haltung den auslegen, der dahinter steht, Jesus. Jesus, der auch zu uns sagt: „Das habt ihr mir getan" (vgl. Mt 25,40); halte fest am Guten meinetwegen, wetteifere darin, den anderen zu achten um meinetwillen, überwinde um meinetwillen Trägheit und Überdruß, die das Leben so schwer machen.

Hoffnung

Was bedeutet Hoffnung eigentlich? Beginnen wir die Antwort damit, daß wir fragen, was Hoffnung nicht ist. Wir folgen damit dem hl. Paulus. Nach ihm ist das, was wir sehen, nicht Gegenstand der Hoffnung (vgl. Röm 8,24). So ist zum Beispiel ein schlichter Optimismus – der uns sagen läßt: Es geht mir nicht schlecht, ich komme ganz gut weg, die Bilanz ist positiv – keine Hoffnung. Das ist allenfalls die Bewertung einer glücklichen Situation, die der Herr uns geschenkt hat.

Der hl. Paulus sagt deshalb auch, daß die Hoffnung in der Bedrängnis wächst (vgl. Röm 5,3f), das heißt dort, wo es keinen Sinn gibt, wo Wüste ist, in einer Welt, die sich zum Tod verurteilt weiß.

Hoffnung bedeutet nicht, die Augen vor einem unabwendbaren Ende zu verschließen, um sich mit wenigem zufrieden zu geben; sie besagt auch nicht, den allgemeinen Niedergang nicht sehen zu wollen und zu denken, daß ich schließlich doch noch davonkommen werde.

Hoffnung ist das Warten auf das Offenbarwerden der Söhne Gottes, auf die Herrlichkeit der Kinder Gottes (vgl. Röm 8,18–30). Hoffnung heißt die Augen auf das Leben richten, das uns von Christus zukommt, das jenseits und über allem ist, was uns enttäuscht und aus der Hand gleitet.

Hoffnung in dieser Bedeutung ist ein unverdientes Geschenk Gottes, und sie ist die Annahme dieses Geschenks. Sie ist ein Blick in die Zukunft aus einem Meer von Dunkelheit. Und das bedeutet auch, daß sie nicht abhängig ist von mehr oder weniger günstigen äußeren Umständen. Sie hängt davon ab, ob wir unseren Blick in die Höhe zu richten vermögen, auf die Herrlichkeit Christi und die Herrlichkeit der Kinder Gottes in ihm.

Hoffnung heißt die Augen auf den auferstandenen Christus richten, der Tod und Verwesung überwunden hat.

Hoffnung ist auch ein Öffnen der Augen, um zu sehen, wie sehr und wie oft seither jene Macht, die über der Geschichte steht, in ihr wirkt und sie an sich zieht.

Wo es diese Hoffnung gibt, können wir, wenn wir um uns blicken, die Zeichen des auferstandenen Christus mitten unter uns sehen.

Homilie

Der Begriff Homilie ist abgeleitet von dem griechischen Wort *homileo*, sich unterreden. Damit weist schon der Name darauf hin, daß die Homilie oder Schriftpredigt mit einem „Gespräch" zu tun hat. Es geht darum, im Gesprächsstil, wie er der in der Familie üblich ist, den „Brüdern" und „Schwestern" den Glauben vorzulegen und zu erläutern. Das ist ein wichtiger Hinweis, denn er bestätigt nicht nur, daß für die Schriftpredigt ein einfacher und zwangloser Stil angemessen ist, er verdeutlicht auch, daß sie von sich aus ein dialogisches Geschehen ist.

Wer glaubt und dem Wort Gottes folgt, verkündet diesen Glauben, indem er ihn vor anderen auslegt, um in ihnen die Bereitschaft zu stärken, ihn als Geschenk Gottes anzunehmen.

Ich bin überzeugt, wenn wir die Aufgabe des Predigers so sehen, werden wir – vor uns selbst und vor den anderen – zu einem Lebensstil des priesterlichen Dienstes finden, der von Tiefe und geistlichem Reichtum geprägt ist. Wir wissen und spüren, daß wir Brüder unter Brüdern und Schwestern sind. Es ist unsere Aufgabe, mit allen Kräften dafür zu sorgen, daß diese „familiäre Sprache" Verbreitung findet, die sich aus der Annahme der Maßstäbe des Wortes Gottes und der von ihm bewirkten gemeinschaftlichen Verbundenheit ergibt. Wer an sich arbeitet, um in diesem Geist zu predigen, wird diesen Stil auch in den vielfältigen anderen Beziehungen pflegen, die er zu den Brüdern und Schwestern der Gemeinde, in der er Hirte ist, unterhält. Und entsprechend gilt: Wer sein priesterliches Amt als Dienst an den Brüdern versteht, denen er helfen will, die wechselnden Situationen des alltäglichen Lebens aus dem Glauben heraus zu leben, der wird dann auch den Moment besonders schätzen und lieben, an dem diese Lebenshaltung in der großen sonntäglichen Versammlung zur „amtlichen" Form wird – und das ist exakt in der Predigt der Fall.

Hören

„Maria setzte sich dem Herrn zu Füßen und hörte seinen Worten zu" (Lk 10,39). Sich jemandem zu Füßen setzen ist typisch für die Haltung des Schülers gegenüber dem Lehrer. Wenn wir zum Beispiel in der Apostelgeschichte im Bericht des hl. Paulus über sein Leben lesen: „Ich saß in Jerusalem zu Füßen Gamaliels" (Apg 22,3), dann heißt das: Ich war sein Schüler, er war mein Lehrer. Das Verhalten Marias in der genannten Szene aus dem Lukasevangelium (Lk 10,38–42: Maria und Marta) ist deshalb von besonderem Interesse, weil wir im Evangelium sonst nur Männer, die Apostel, als Schüler gezeichnet sehen. Hier aber wird eine Frau als Schülerin dargestellt, die das Wort des Lehrers hört. Dazu paßt ein anderer Ausspruch Jesu: „Selig, die das Wort Gottes hören und es befolgen", in Handeln umsetzen (Lk 11,28). Maria lebt diese Seligpreisung, das Glück des Hörens auf das Wort. Sie ist das vollkommene Bild des Jüngers, der Menschheit, die auf das Wort Gottes hört. Zugleich erinnert sie uns an die Gestalt der Frau, die die vollkommene Hörerin des Wortes ist, an Maria, die Mutter Jesu, die gesagt hat: „Mir geschehe, wie du es gesagt hast" (Lk 1,38). Es gilt also auch von Maria, der Schwester der Marta, was über Maria, die Mutter Jesu, geschrieben steht: „Sie bewahrte alle diese Worte in ihrem Herzen und dachte darüber nach" (Lk 2,19).

Maria aus Nazaret und Maria aus Betanien sind das Vorbild für das Hören auf das Wort, sie sind Leitbild für den Jünger, der das Wort in sein Herz aufnimmt und es zu bewahren weiß, sie zeigen uns, was Betrachtung ist, und sie sind ein Bild der hörenden Kirche, für die das Wort Gottes und das Hören auf den Herrn an erster Stelle steht.

Humor

Wer mit der Welt einigermaßen sachlich umgehen will, braucht eine bestimmte Portion Humor. Wir sollten die Wirklichkeit nüchtern zu sehen versuchen, ohne gleich von vornherein Recht oder Unrecht nur einer Seite zuzusprechen, ohne uns gleich in die Reihe der Verfechter der Schuld oder der Unschuld oder in die eine oder die andere Partei einspannen zu lassen.

Bewahren wir uns den Sinn für Humor und einen nüchternen Blick auf die Dinge. Sie sind Voraussetzung für Achtsamkeit, Anpassungsfähigkeit und Rücksichtnahme auf die Gegebenheiten. Wir müssen bereit sein, zuzugestehen, daß wir zu wenig genau hingesehen haben und daß man manches anders sehen kann.

Das alles ist eine schlichte Alltagsweisheit, aber es ist zugleich eine sehr bedeutsame Weisheit, weil sie uns vor den schlimmsten Fehldeutungen bewahrt, die – wie Jesus sagt – auf ewig nicht verziehen werden. Die Angst vor solchen totalen Fehldeutungen in der Beurteilung von Situationen, im schnellen Urteil über richtig und falsch, gut und böse, trägt dazu bei, daß wir bescheiden und besonnen bleiben. Sie hilft auch, jene Weisheit zu erlangen, die wir – gerade in komplexen Situationen – zur Erkenntnis der Wahrheit brauchen. Vor allem verhilft sie uns zur Einsicht – die wir dankbar annehmen und nicht zurückweisen sollten –, daß Gott sich uns als Geheimnis der Liebe und der Vergebung offenbart.

Innerlichkeit

Ein dem Willen Gottes entsprechendes Handeln besteht nicht in der Mühe, sich an eine äußerliche Regel zu halten, es ist vielmehr wie ein Hervorquellen lebendigen Wassers im Herzen des Christen. Der Christ handelt, weil er von der Gnade umflossen ist und weil er aufgrund der vom Heiligen Geist gewirkten Gabe der Unterscheidung weiß, welchen Motiven er folgen und wie er entscheiden muß. Die Schönheit des christlichen Lebensstils beruht darauf, daß er eine Haltung ist, die von innen erwächst.

Unter den großen Lehrern der Kirche hat der hl. Augustinus es am besten verstanden, dieses Prinzip der Innerlichkeit in Worte zu fassen: Das Leben des Christen hat seine ihm eigene Quelle, die Werk des Heiligen Geistes ist, aber aus dem Innersten des Menschen erwächst und sich in

Heiligkeit und Gerechtigkeit ausdrückt. Es ist, mit anderen Worten, das Gesetz des Neuen Testaments. Von diesem Gesetz schreibt der hl. Thomas: Lex Novi Testamenti principaliter consistit in Spiritu Sancto: Das Gesetz des Neuen Testaments ist in erster Linie der Heilige Geist. Er ist die Kraft im Inneren, die den Menschen befähigt, entsprechend dem Willen Gottes zu handeln.

Jesus

Jesus ist das endgültige Geschenk Gottes an die Menschheit und die Fülle der Offenbarung des Geheimnisses. Endgültigkeit und Fülle hängen damit zusammen, daß er nicht nur ein Zeichen Gottes ist, ein Gut, das aus der unendlichen Zärtlichkeit seiner Liebe entspringt, sondern daß er die Selbstmitteilung Gottes ist, die Mitteilung Gottes, wie er in sich selbst ist. Er ist in seinem Sein ganz Gott und ganz Mensch. Sein Leben gehört Gott an und durchläuft zugleich Zeiten und geschichtliche Momente, die wirklich menschlich sind. Der Höhepunkt des Lebens Jesu, seine „Stunde", von der das Johannesevangelium spricht, ist das Paschageschehen, sein „Hinübergang" am Kreuz. In diesem Geschehen teilt sich nicht nur die Liebe des Vaters über die totale Hingabe des Sohnes und die Ausgießung des Heiligen Geistes voll und ganz dem Menschen mit, sie besiegt und überwindet auch – über das Leiden und die Verherrlichung Christi – die sündhafte Zurückweisung, die der Mensch der Liebe Gottes entgegensetzt.

Das Geheimnis Gottes feiern und darin die Fülle des Lebens und des Heils zu finden bedeutet deshalb für den Menschen, mit Christus eins zu werden, sein Leben anzunehmen, sein Pascha zu feiern.

Jünger

Welche Bewandtnis hat es mit dem Jünger, dem Christen – Mann oder Frau –, der sich um ein geistliches Leben bemüht und auf diesem Weg vorankommen will?

Wir können antworten: Der Jünger, der Christ, verlangt nicht, weiter zu gehen, als ihm in seinen Möglichkeiten gegeben ist. Er tut mit ganzer Kraft, in uneigennütziger Hingabe das, was in seinem Vermögen steht. Ohne dauernd daran zu denken, identifiziert er sich mit Jesus. Ja, der Herr selbst ist es, der ihn auf seinem Weg führt und ihn anspornt.

Und wer ist ein schlechter Jünger? Ein schlechter Jünger ist, wer dies alles nicht versteht und auch noch kritisiert, weil er auf der Suche ist nach aufsehenerregenden Taten mit großartigem Echo.

Der schlechte Jünger versteht nicht, wie schön jedes Werk, jede Handlung ist, die der himmlische Vater sieht und die die Menschen sehen, die ein Gespür haben für die Kostbarkeit eines Tuns, dem die Seligpreisungen des Evangeliums gelten. Aus diesem Tun entstehen dann Werke, die dem Lob des Vaters dienen und nicht hinterfragt zu werden brauchen. Hinter allen anderen Werken kann man immer eine zweite Intention, ein nicht völlig selbstloses Motiv vermuten.

Die guten Werke der Seligpreisungen sind – ohne Zusatz, ohne Einschränkung, ohne Hervorhebung – die christlichen Werke schlechthin.

Kinder

Ein Kind, das geboren wird, ist ein Geschenk. Ein Geschenk weist man nicht zurück, sondern nimmt es freudig an. Aus dieser schlichten Feststellung ergibt sich als eine

Selbstverständlichkeit, daß Handlungen, die ein solch kostbares Geschenk zurückweisen, ablehnen oder beseitigen, klar und deutlich verurteilt werden müssen.

Ein Geschenk ist nie etwas, worauf man ein Recht hat, und man nimmt es an, wie es kommt. Daraus folgt, daß bestimmte Redeweisen von einem „Recht auf ein Kind", als sei es um jeden Preis geschuldet, in Gefahr sind, aus dem Kind einen Gegenstand, ein Objekt zu machen. Es wird dann nicht im eigentlichen Sinn als Person und als Geschenk angenommen. Wenn ein Kind ein Geschenk ist, dann bedeutet das auch, daß wir es annehmen, wie es gegeben wird, ohne die humane Bedeutung des schöpferischen Aktes mit unerlaubten Methoden zu manipulieren. Diese Überlegung muß auch der Ausgangspunkt sein für das weitere kritische Nachdenken etwa über Techniken der genetischen Manipulation. Auch wenn dies hier nicht weiter vertieft werden kann, sind solche Überlegungen heute doch von größter Bedeutung für die Familien- und Gesellschaftsmoral, für das bürgerliche Leben und die Politik.

Kindschaft

Die Sendung des Christen besteht nicht in der Selbstdarstellung, sondern im Zeugnis. Dieses Zeugnis verlangt beherzte Entscheidungen und unermüdlichen Eifer, jedoch nicht, um sich selbst zur Schau zu stellen, sondern um als Diener Jesu Christi zu handeln. Lukas erzählt in seinem Evangelium das Gleichnis vom Sklaven, der nach des Tages Arbeit seinem Herrn ohne Rast das Essen zubereitet (Lk 17,7–10). Damit nicht genug, sollen sie auch noch sagen: „Wir sind unnütze Sklaven; wir haben nur unsere Schuldigkeit getan." Einerseits wird also eine riesige Last von Arbeit aufgebürdet, andererseits wird jede Möglichkeit, für den geleisteten Dienst eine wohlwollende Belohnung zu erhalten, ausgeschlossen.

Das könnte die Vermutung nahelegen, der Herr habe ein hartes Herz. In Wahrheit ist diese Einsicht in die Nutzlosigkeit des Dienstes die Voraussetzung dafür, daß die Sklaven ihre Denkweise ändern und sich ihnen eine neue spirituelle Dimension eröffnen kann. Was zählt, ist da nicht so sehr die genaue und perfekte Ausführung der Arbeit (das ist die Gerechtigkeit der Schriftgelehrten und Pharisäer, von der Matthäus spricht; sie ist dadurch gekennzeichnet, daß ihr die Liebe fehlt; vgl. Mt 5,20). Was zählt, sind Liebe, Dankbarkeit, Bescheidenheit und Vertrautheit mit dem Herrn.

Aus diesem Herrn wird ein Vater, aus den Knechten werden Söhne, die sich bewußt sind, daß alles, was sie tun, nichts ist im Vergleich zu der unermeßlichen Liebe, die sie empfangen haben. Und so fahren sie fort, zu handeln, zu arbeiten, zu dienen. Dabei erheben sie aber nicht den Anspruch, etwas Wichtiges und Entscheidendes zu leisten, sie haben vielmehr die Absicht, Zeichen zu setzen, in denen sich ihre Dankbarkeit und ihr Wille, die liebevolle Fürsorge des abwesenden Herrn zu teilen, ausdrückt. Und so wie diese Fürsorge grenzenlos ist, ist auch die Liebe der Knechte, die zu Söhnen geworden sind, unerschöpflich. Es ist die nie ermüdende Dynamik der Nächstenliebe.

Kirche

Das Netz des Fischers Simon Petrus, die Kirche des Petrus, ist nicht ein Netz für eine kleine Gruppe, für eine spirituelle Elite von Menschen. Es ist das Netz für eine Kirche des Volkes, für eine universale Kirche, die alle Völker und jeden Menschenschlag in sich zu bergen vermag.

In der Geschichte der Kirche mußte auf diese Wahrheit immer wieder eigens hingewiesen werden. Angesichts der Erhabenheit der Forderungen des Evangeliums gab es immer wieder Versuche, eine Kirche der kleinen Gruppen, der Eliten, von besonders erwählten Männern und Frauen aufzubauen. Diese Kirche sollte sich von der Masse durch außergewöhnliche Heiligkeit, durch besondere Einweihung in die Geheimnisse Gottes und einen hohen Anspruch der Lebensführung abheben. Man kann in diesen Versuchen auch den Ausdruck einer Sehnsucht sehen, die von dem ernsthaften guten Willen getragen ist, dem hohen Anspruch der Kirche Christi gerecht zu werden.

Das Bild des Netzes lehrt uns jedoch, daß die Kirche nicht als eine Kirche der Elite gewollt ist. Ihre Bestimmung ist es – ohne etwas von den Forderungen des Evangeliums wegzunehmen –, offen zu sein für die Einfachen, Armen, Kranken, für die, die nicht zählen, für Menschen, die irgendwie imstande sind, die kleine Flamme des Glaubens zu entzünden und sich dem kleinen Licht der Liebe zu öffnen.

Es geht also um eine Kirche, in der die Hirten, die die Verantwortung tragen, ein großes Herz haben müssen. Sie müssen Verständnis haben, sie müssen Barmherzigkeit üben können, sie brauchen einen weiten Blick. Sie müssen Wege aufzeigen, die für alle, gerade auch für die Schwächsten und Unbegabtesten, gangbar sind. Dann sind sie ernsthaft auf dem Weg zu einer Kirche, die dem Bild dieses – durch einen reichen Fischfang gefüllten – Netzes des Petrus entspricht.

Kollektives Gewissen

Alle Versuche, durch „objektive" Eingriffe in die gesellschaftlichen und politischen Strukturen Pflichtverletzungen einzuschränken, werden keine nennenswerten Ergebnisse zeitigen, wenn sie nicht Hand in Hand gehen mit der Bemühung, „subjektiv", im kollektiven Bewußtsein und Gewissen, die Sensibilität für die moralische Dimension des Handelns zu schärfen.

Das kollektive Bewußtsein oder Gewissen – gewissermaßen die Summe der gelebten individuellen Überzeugungen – bildet das Fundament für das strukturelle Gefüge der Gesellschaft und ist für ihren Bestand unabdingbar.

In besonderer Weise gilt das für demokratisch verfaßte Gemeinwesen. Sie sind sicher am ehesten in der Lage, Gerechtigkeit durchzusetzen und gegen Machtmißbrauch Widerstand zu leisten, vorausgesetzt, sie können sich auf eine genügend entwickelte politische Kultur stützen. Die Achtung der Menschenrechte, die in der gleichen Würde jedes menschlichen Wesens begründet sind, ist für eine solche politische Kultur unabdingbar.

Von da aus wird auch sichtbar, welche Bedeutung die Erziehung und, noch allgemeiner, die Förderung von Bildung und Kultur hat.

Besondere Verantwortung kommt dabei jenen Personen zu, die – aufgrund der Stellung, die sie einnehmen, und der Rolle, die sie spielen – Einfluß darauf ausüben, wie Verhalten, Denkweisen, und moralische Sensibilität der Menschen geformt werden. Ein Feld, auf dem jeder auf seine Weise in die Pflicht genommen ist, und sei es nur deshalb, weil jeder auch sein eigener Erzieher ist.

Kommunikation

Es gibt keine zwischenmenschliche Kommunikation außerhalb der Wirklichkeit, von der, in der und für die Mann und Frau geschaffen sind. Diese Wirklichkeit ist das Geheimnis des Vaters, des Sohnes und des Heiligen Geistes, ihre gegenseitige Liebe und ihr ununterbrochener Dialog. Gott schafft den Menschen nach seinem Bild und Gleichnis, und jedes menschliche Geschöpf trägt in sich das Siegel der Trinität, die ihn geschaffen hat. Ein solches Siegel ist auch das Vermögen und das Bedürfnis, sich anderen mitzuteilen und mit ihnen Beziehungen einzugehen. Eines der wirkungsvollsten Bilder für dieses Geschenk der Kommunikation ist die Erzählung von der Herabkunft des Heiligen Geistes auf die Apostel im Pfingstereignis (Apg 2,1–13). Daß sie befähigt werden, sich in allen Sprachen auszudrükken und verständlich zu machen, überwindet die Verwirrung der Sprachen, die Gott als Strafe für den Turmbau von Babel verhängt hat. Das Geschenk des Heiligen Geistes bedeutet also die Weckung einer außergewöhnlichen kommunikativen Fähigkeit und die Wiederherstellung der Kommunikationswege, die in Babel unterbrochen worden waren. Und damit wird eine einfache und authentische Beziehung zwischen den Menschen neu möglich.

Die Mitteilung Gottes, die im Bund Ausdruck findet, schafft sich ein Volk, das das Ergebnis dieses göttlichen Handelns ist. Dann sind aber auch die aus diesem göttlichen kommunikativen Handeln hervorgehenden menschlichen Zusammenschlüsse (Familie, Gemeinde, Volk, Gemeinschaft der Völker, Kirche) als Orte der ursprünglichen menschlichen Kommunikation von der Gnade des Geheimnisses Gottes getragen. Daß authentische Kommunikation unter den Menschen überhaupt möglich ist, ist Gnade.

Korruption

Der Prophet Amos spricht davon, daß die Sonne am Mittag untergeht und es am hellichten Tag finster wird, weil Unterdrücker und Ausbeuter die Armen im Land ruinieren (vgl. Am 8,9). Die Korruption bringt Finsternis über das Land, wie auch beim Tod Jesu am Kreuz Finsternis über das Land hereinbrach.

Auch in unseren Städten verpestet die Korruption die Luft und verdunkelt die Sonne.

Gegen was alles müssen wir uns wehren! Da ist das Krebsgeschwür der Drogen. Ich denke an das Elend und den Schmerz, die ein Drogenabhängiger in einer Familie verursacht. Ich denke an das langsame Erlöschen der Empfindungen und des Lebens, das die Droge in den Opfern herbeiführt. Aber noch größer sind Empörung und Schmerz, wenn ich an die Menschen denke, die mit den Drogen Geschäfte machen und ungeheure Gewinne einstreichen, die die Gewinne noch der größten Firmen übertreffen. In einem riesigen, engmaschigen Markt verbreiten und vertreiben sie mit einem unglaublichen Zynismus einen Stoff, der die Konsumenten einem nicht mehr menschlich zu nennenden Leben ausliefert.

Mir klingt das Wort Jesu in den Ohren: „Wer einen von diesen Kleinen zum Bösen verführt, für den wäre es besser, wenn er mit einem Mühlstein um den Hals im tiefen Meer versenkt würde" (Mt 18,6), oder das Wort über den Verräter: „Für ihn wäre es besser, wenn er nie geboren wäre" (Mt 26,24).

Welche Schande, wenn man hört, daß dieser Handel womöglich einen der größten Wirtschaftszweige überhaupt darstellt!

Da gibt es die „Paten" der Pornographie, die aus einem schlüpfrigen Geschäft, das mit der Vulgarität spekuliert, ebenfalls ungeheure Gewinne ziehen.

Und was soll man zu all den Formen der Korruption sagen, die sich zu Verbrechen, Menschenraub, Geiselnahme und Erpressung zusammenschließen, oft noch verschärft durch Androhung des Todes, wenn die auferlegte Schweigepflicht nicht eingehalten würde? Wir dürfen nicht meinen, wir könnten uns aus diesen Übeln heraushalten, die versuchen, sich zu verbergen oder überhaupt ihre Existenz zu leugnen.

Und es gibt schließlich die weiße Korruption, die sich in Amtsführung und Verwaltung einschleicht und Veruntreuung, Vergeudung, Begünstigung, Klientelwirtschaft, Privilegienmißbrauch und Flucht aus der Verantwortung zur Folge hat.

Kosmos

Der erste und ursprüngliche Tempel ist der Tempel des Kosmos, der vom gesamten Universum gebildet wird. „Wie groß ist das Haus Gottes, wie weit das Gebiet seiner Herrschaft! Unendlich groß und unermeßlich hoch" (Bar 3,24f). Mit diesen Worten erinnert uns der Prophet Baruch, daß Gott sich im wunderbaren Bau des Alls offenbart.

„Froh leuchten die Sterne auf ihren Posten. Ruft er sie, so antworten sie: Hier sind wir. Sie leuchten mit Freude für ihren Schöpfer" (3,34). Im kosmischen Raum des grenzenlosen Universums findet eine Art heiliger Versammlung statt, in der Gott die Sterne, das Licht, die Lebewesen aller Art in das Sein ruft und zu seinem Lob um sich schart.

Bezogen auf unsere prächtigen Dome bedeutet das, daß sie nur ein Partikel sind in einem Universum, von dem die Wissenschaftler keine Grenzen sehen. Wie es bei Baruch heißt: Unendlich groß und unermeßlich hoch.

Wir sind also die kleinen Bewohner auf einem Punkt des Planeten Erde, der seinerseits nur ein Atom ist in den unendlichen Weiten, die alle heilig und befähigt sind, auf ihre Weise das Lob Gottes, des Schöpfers zu singen.

Krankheit

Soll Krankheit sinnvoll gelebt – und nicht nur als „tote Zeit" überbrückt – werden, so ist das wohl nur möglich, wenn man bereit ist, einen Sinn in ihr zu erkennen. Denn selbst im Leid, in der Lähmung der Glieder und im demütigenden Schwinden der Kräfte des Körpers kann ein positiver Hinweis für den eigenen geistlichen Weg enthalten sein. Es ist sicher möglich, in der Krankheit einen solchen Sinn zu erkennen, aber nur, wenn die Frage nach dem Sinn des menschlichen Lebens überhaupt gestellt wird.

Um zu erkennen, wie die Freiheit des Menschen auch und vor allem im Leid Raum gewinnen kann, muß man vorher erkannt haben, daß die Freiheit des Menschen unter dem Zeichen des Gehorsams ihren Anfang nimmt.

Wenn der Mensch lernt, daß Besitz und Anhäufung von irdischen Gütern nicht das Lebensziel sein können, dann lernt er auch, über das Entschwinden dieser Güter hinaus zu glauben und zu hoffen.

Das Schwinden der Gesundheit führt dann nicht zu dem demütigenden Schluß, daß nun kein Leben mehr möglich sei. Es wird vielmehr zum Anlaß, eine Heilung oder ein Heil zu erhoffen, das der Mensch erst erreichen kann, wenn er seine schon untätigen Hände faltet und darum bittet.

Die äußerste und bewegendste Erfahrung in der Todeskrankheit ist die Erfahrung, in der sich auf geheimnisvolle Weise die höchste Freiheit manifestiert: die Freiheit des Glaubens und nicht der Werke.

Die Angehörigen, die immer ferner rücken und selbst nicht mehr fähig sind, etwas zu tun und zu sagen, nehmen dennoch an diesem letzten Kampf teil. Sie teilen dabei die Haltung dessen, der den Todeskampf durchsteht, das heißt, sie falten im Glauben ihre Hände zum Gebet.

In ihrer Beständigkeit und ihrem Mut, dem Sterbenden

im Leid beizustehen, obwohl sie nichts mehr für ihn tun können, nehmen sie wahrhaft Anteil und stehen mit ihm – jenseits aller Worte – in inniger Verbindung.

Kreuz

Für die Heiden und Griechen war das Kreuz gewissermaßen das Maß für die Torheit, für die Unbegreiflichkeit des Anspruchs Christi, der Gesandte Gottes zu sein. Die Eigenschaften des Gekreuzigten konnten in ihren Augen in keiner Weise die Eigenschaften Gottes sein. Der Gekreuzigte hat keine Kraft, keine Macht, ihm fehlt die Überlegenheit, die für die Gottheit kennzeichnend ist. Was er demonstriert, ist Ergebenheit, Unterlegenheit, Schwäche. Der Gekreuzigte kann weder ein Gott noch ein Heros sein, auch ist die Art seines Todes nicht mit dem Tod des Weisen vergleichbar, eines Sokrates zum Beispiel, der in der Ruhe und Vornehmheit seiner eigenen Entscheidung gestorben ist. Hier aber gibt es dramatische Zuckungen, fließt Blut, herrscht Dunkelheit, Grausamkeit.

Je abgehobener die Vorstellung vom Göttlichen ist – ein Gott, der an der Welt nicht teilnimmt, der keine Barmherzigkeit empfindet für die, die unter ihm stehen –, desto weniger göttlich erscheint der Tod Christi am Kreuz.

Das Kreuz stellt also die Vorstellungen sowohl von Gott und dem Göttlichen wie auch vom Menschen vollständig in Frage. Diese Infragestellung findet nur dann eine Lösung, wenn wir, im Licht der Auferstehung Jesu Christi, den Mut haben, im Glauben auf den gekreuzigten Jesus von Nazaret zu blicken und zu sehen, daß er gerade am Kreuz für uns Gottes Kraft und Gottes Weisheit, Gerechtigkeit, Heiligung und Erlösung ist. Im Kreuz und vom Kreuz Jesu her wird der Vater offenbar.

Kultur

Was ist Kultur? Kultur ist die Gesamtheit von Traditionen, von Sprach- und Denkweisen, von Umweltfaktoren und gesellschaftlichen Bedingungen, mit denen und in denen wir leben. Indem wir dies alles lernen und uns zu eigen machen, werden wir zu bewußten und aktiven Mitgliedern der Gesellschaft. Wir „sozialisieren" uns auf diese Weise. Soll dies gelingen, darf die Kultur jedoch nicht den Menschen selbst aus dem Feld schlagen. Sie muß vielmehr seine Vernunft aktivieren und seine Freiheit herausfordern und respektieren. Es ist Sinn der Kultur, Menschen heranzubilden, die zu Reflexion und eigenständigem Urteil fähig sind.

Eine Kultur, die diesen Namen verdient, drückt die Menschen nicht platt in die Gesellschaft hinein, sondern hilft jedem einzelnen dabei, sich mit seinen ihm eigenen Fähigkeiten in sie einzubringen. Sie befähigt ihn, Kritik zu üben, Verbesserungen vorzuschlagen, sie versetzt ihn in die Lage, zum Fortschritt von Kultur und Gesellschaft beizutragen.

Von dieser aktiven und kreativen Weise, Kultur zu verstehen und zu leben, sollten die Beziehungen der Gesellschaft zu den Mitgliedern insgesamt und im einzelnen geprägt sein. Mir scheint nun, daß vor allem die Schule der Ort sei, an dem dies alles konkret umgesetzt werden sollte. In der Schule begegnet der Schüler der Kultur, lernt er Kultur. Über den Unterricht, das heißt über das vernünftige und kritische Lernen der Inhalte, die seine Kultur ausmachen, wird er schrittweise dahin geführt, ihre Bedeutung zu verstehen. Ihm geht ein Licht auf, und in diesem Licht „kultiviert" er seine eigene Vernunft und richtet an ihm seine Freiheit aus. Er gewinnt damit den Freiraum, gerade auch in sich ändernden Situationen und in Zeiten eines Kulturbruchs freie und kreative Entscheidungen zu treffen.

Leben

„Lebt mitten in dieser Welt ein Leben der Besonnenheit, der Gerechtigkeit und der Frömmigkeit" (vgl. Tit 2,11). Mit diesen wenigen Worten beschreibt der Apostel das neue Leben, das wir leben sollen und von dem wir wünschen, es könne zur gemeinsamen Lebensregel der Menschheit werden.

In der Mitte der drei Kennzeichnungen des neuen Lebens steht die Gerechtigkeit. Gerechtigkeit ist die Übereinstimmung mit allem, was recht ist, was den göttlichen und menschlichen Gesetzen entspricht. Sie ist das in der jeweiligen Situation geforderte Handeln, die jedem das Seine gibt. Die Gerechtigkeit ist daher die Tugend, die alle menschlichen Beziehungen regelt. Ohne Gerechtigkeit gibt es keinen Frieden. In der Gerechtigkeit leben heißt in allem und überall die Norm für das Handeln in bezug auf die Werte, die Personen, die Umstände und ihr Ziel zu finden.

Als zweites Merkmal führt der Apostel die Frömmigkeit an. Sie bedeutet mit Gott vertraut sein, seine intime Nähe spüren, sie gerne und mit Freude spüren. Frömmigkeit bedeutet, die durch die Gerechtigkeit geregelten Beziehungen nicht mit kühler Strenge zu leben, sondern in ihnen – im täglichen Leben, während des ganzen Tages und nicht beschränkt auf die Zeit des Gebetes – die Güte und Zärtlichkeit Gottes spürbar werden zu lassen.

Das dritte Merkmal, die Besonnenheit, ist das Maßhalten, der kluge Gebrauch der Güter dieser Welt. Wir müssen die Güter der Welt nicht zurückweisen. Es geht darum, die Dinge nach ihrem Gewicht und ihrer Wertigkeit einzuschätzen. Es geht um die Prüfung unserer Wünsche und um Disziplin: Disziplin im Gebrauch der Sinne, im Umgang mit unserem Körper und Geist, mit dem Leben, mit den Dingen.

Wenn wir dem Wort des Apostels weiter folgen, können wir uns fragen: Ist es möglich, diese Haltung „mitten in dieser Welt", in dieser Gesellschaft zu leben? Sie Tag für Tag zu leben?

Der Apostel hat die Antwort vorweggenommen: „Die Gnade Gottes ist erschienen" (Tit 2,11). Das neue Leben ist also ein Geschenk, es ist die freie, ungeschuldete Gabe, die Gott uns gibt. Es ist nicht ein Ideal, nach dem wir streben, von dem wir aber wissen, daß wir es nie erreichen werden. Das neue Leben ist eine Gnade, die schon da ist.

Lebenssinn

Der Mensch ist ein Wesen, das auf dem Weg ist, auf der Suche nach Sinn und Bedeutung. Solange er diesen Sinn nicht gefunden hat, ist er traurig, mißmutig, nervös und gereizt sich selbst und den anderen gegenüber.

Der Mensch fragt nach dem Sinn des Wirtschaftswachstums, das wir erlebt haben, und er fragt nach dem Sinn der gegenwärtigen Krise, die sich wie ein Widerruf des Vertrauens in den industriellen Fortschritt ausnimmt. Warum soll man sich anstrengen, Reichtümer aufzuhäufen, die doch wieder nur neue Inflationen, neue Armut und neue Krisen produzieren?

Warum soll man anderen Vertrauen schenken, wenn es so vielen Menschen an Vertrauen mangelt?

Welchen Sinn hat Treue? Sie scheint einerseits Sinn zu haben, denn ohne Treue gibt es keine menschliche Beziehung; andererseits stellen wir immer häufiger einen Mangel an Treue fest. Wo gibt es noch Treue in der Ehe, Treue zum gegebenen Wort, Treue im Beruf, in den Ämtern und Behörden? Jedermann spürt diesen schrecklichen Widerspruch und sucht nach einer umfassenderen Interpretation, die auch die Widersprüche der Geschichte einbezieht und sie verstehen und erklären hilft.

Niemand, der gute Gesundheit für eine absolute Notwendigkeit hält, möchte sich mit der Möglichkeit abfinden, von einer Krankheit getroffen zu werden. Niemand will sich mit dem Tod abfinden, der Menschen trifft, die noch jung sind, die eine Familie zu versorgen haben.

Der Mensch fragt nach dem Sinn all des Leides, er fragt nach dem Sinn des Lebens. Wahrscheinlich sucht er nicht immer gleich einen religiösen Sinn, aber es ist auch dann sehr wichtig, ihm den Weg zu zeigen und ihn auf seiner Suche nach Sinn zu begleiten.

Die Letzten

Die Aufmerksamkeit für die Letzten bedarf keiner langen Begründungen, sie ist selbstverständlich und legt sich unmittelbar nahe. Es geht darum, den Bedürftigsten, den am meisten Vernachlässigten, die an die Grenze ihrer Widerstandskraft gelangt sind, zu helfen. Es muß ihnen geholfen werden, mit absoluter Priorität.

Nun ist es allerdings so, daß sich die Aufmerksamkeit des Durchschnittsbürgers für gewöhnlich darauf richtet, was er selbst braucht. Die Letzten sind die Letzten nicht nur aufgrund der Situation, in der sie sind, sie sind es auch deshalb, weil sie es nicht verstehen, sich bemerkbar zu machen und die Aufmerksamkeit auf sich zu ziehen.

Es ist also sehr wichtig, daß die unmittelbaren Beweggründe, sich zugunsten der Letzten einzusetzen, durch dauerhafte Begründungen, die aus dem Gebot der Nächstenliebe folgen, zu einem effektiven und wirksamen Handeln führen. Wir sollen uns den Letzten zuwenden, weil Jesus sie besonders geliebt hat. Sie brauchen ganz besonders die Hoffnung, die aus seiner Liebe, in der er sein Leben hingegeben hat, erwächst. Das Ostergeheimnis vermag nirgends sonst so klar zu offenbaren, daß in ihm der endgültige Sieg über die schlimmsten Übel errungen wurde.

Wir müssen ihnen besonders eindringlich sagen, daß Christus ihnen nahe ist, daß es auch in ihrer Situation möglich ist, Werke der Liebe zu tun. Sie müssen die Sicherheit gewinnen, daß sie das Heil gefunden haben, wenn es ihnen gelingt, an die Liebe zu glauben und in der Liebe leben.

Es muß immer wieder betont werden, daß die Nähe zu den Letzten aus dem Glauben gelebt werden muß, als Nächstenliebe. Wer sich ihnen zuwendet, muß selbst durch den Glauben in der österlichen Liebe Jesu verwurzelt sein. Andernfalls ist der anfängliche Enthusiasmus nicht von langer Dauer. Oder es entsteht eine sentimentale oder ideologische Einstellung, die sich in einen seltsamen Widerspruch verwickelt: Einerseits sollen die Letzten im Namen des Evangeliums aus der Armut herausgeholt werden, andererseits erklärt man, ihre Situation ermögliche gerade ein ganz dem Evangelium entsprechendes Leben.

Liebe

Was verstehen wir unter Liebe? Liebe ist jene intensive, unvergeßliche und unzerstörbare Erfahrung, die nur in der Begegnung mit einer anderen Person erlebt werden kann. Es gibt also keine Liebe zu einer abstrakten Sache, zum Beispiel zu einer Tugend. Und es gibt keine Liebe, die für sich bleibt. Liebe setzt immer einen anderen voraus und ereignet sich immer in einer konkreten Begegnung. Liebe braucht also die Begegnung, den Austausch, Worte. Sie braucht Geschenke, die in ihrer Begrenztheit doch Symbol sind für die volle Hingabe einer Person an die andere.

Liebe ist also die Begegnung mit einer anderen Person in wechselseitiger Hingabe, sie ist eine Erfahrung, in der ein Mensch etwas von sich selbst hingibt, und sie ist um so größer, je mehr einer von sich gibt.

Die Liebe ist eine Begegnung, in der der andere für mich Bedeutung gewinnt und in gewissem Sinn für mich bedeutender wird, als ich mir selbst bin. Er wird so bedeutsam, daß ich – im Extremfall – will, daß er lebt, selbst wenn ich dafür mein eigenes Leben hingeben muß.

Man entdeckt, daß man verliebt ist, wenn man bemerkt, daß einem der andere wichtiger geworden ist, als man sich selbst ist.

Die Liebe führt einen Zustand herbei, den man ein Außersichsein, eine Ekstase nennen kann. In einer solchen Ekstase bin ich um so mehr echt, wahrhaft und aufrichtig ich selbst, je mehr ich meine Zurückhaltung aufgebe und mich hingebe und verausgabe.

Liturgie

Es gibt auf unserem irdischen Pilgerweg einen „Ort", wo das heilbringende Wort mit besonderer Wirksamkeit erklingt: in der Liturgie der Kirche.

Sie ist wahrhaft ein ununterbrochener Dialog zwischen dem göttlichen Wort und dem Menschen, der berufen ist, Widerhall eben dieses göttlichen Wortes zu sein. Die Liturgie ist die heilschaffende Begegnung des Vaters im Himmel, der kommt, um sich mit großer Liebenswürdigkeit mit seinen Kindern zu unterhalten; sie ist das Gespräch zwischen dem Bräutigam Jesus Christus und seiner geliebten Braut, der Kirche, die teilnimmt am ewigen Lobgesang, den das fleischgewordene Wort in dieses irdische Exil eingeführt hat.

Die heilige Liturgie nährt uns überreich am Tisch des Wortes Gottes. Die Texte, die vorgelesen werden, die Psalmen, die gesungen werden, sind der Bibel entnommen, und auch die Hymnen, Gebete, und Anrufungen sind von der Heiligen Schrift inspiriert. Mit ihrer auch im konkreten Ablauf erkennbaren dialogischen Struktur ist die Liturgie selbst Ausdruck des Lebens der Kirche. Wie im Alten Testament die Versammlung Jahwes zusammengerufen wurde, um auf Gott zu hören – „Hört heute auf seine Stimme!" –, so kommt auch die liturgische Versammlung, das wahre Volk Gottes, zusammen, um das Wort zu hören, Christus, den Herrn. Mit ihm vereint es sich, geführt vom Heiligen Geist, im Lob und in der Anrufung des Vaters.

Deshalb ist das Wort der Schrift, das in der Feier der Liturgie erklingt, eine der Gestalten der wirklichen, geheimnisvollen und unvergänglichen Gegenwart Christi unter den Seinen, wie das II. Vatikanische Konzil lehrt: „Gegenwärtig ist er in seinem Wort, da er selbst spricht, wenn die heiligen Schriften in der Kirche gelesen werden" (Liturgiekonstitution 7).

Wenn Gott spricht, ruft dies eine Antwort hervor. Wir antworten Gott mit der Feier der Eucharistie. Sie ist das große Dankgebet und das immerwährende Gedächtnis des heilbringenden Leidens, das wir mit dem makellosen Opfer des eigenen Lebens darbringen. Und wir antworten mit den übrigen liturgischen Feiern, die aufs innigste mit der Eucharistie verbunden sind.

Lob Gottes

Es gibt Situationen, wo uns Zweifel erfassen kann, ob es realistisch sei, Gott zu loben, solange Menschen leiden, arm und arbeitslos sind, solange es auf der Welt Kriege und

Gewalttat gibt. Wir fürchten, das Lob Gottes könnte bedeuten, eine Binde über die Augen zu legen. Ich bin jedoch der Meinung, wir sollten uns ein Herz fassen. Wenn wir beginnen, die Welt mit den Augen Gottes zu betrachten und ihn für das zu loben, was er Gutes tut, werden wir besser in der Lage sein, zwischen dem Guten und dem Übel zu unterscheiden. Wir sind dann auch besser vorbereitet, das Leid der Menschheit auf uns zu nehmen.

Nichts wird der Wirklichkeit gerechter, nichts ist realistischer als das Lob Gottes. Es betrachtet die Welt als einen Ort der Güte, der Barmherzigkeit, der Liebe Gottes, der Liebe Jesu Christi zu den Menschen, zum Armen, Kranken, Leidenden, zu mir, zu uns, zu dieser Kirche.

Wir müssen lernen, in der eigenen Erfahrung die wahren Gründe für das Lob Gottes zu lesen. Und es gibt dafür wahrhaft genügend Gründe. Oft halten wir die Gaben des Herrn für selbstverständlich und wundern uns nicht weiter darüber. Aber die Tatsache beispielsweise, daß wir hier versammelt sind, daß wir bis jetzt den Glauben bewahrt haben, daß wir unserer Berufung treu geblieben sind, das alles sind großartige Gaben Gottes. Wir müssen lernen und uns angewöhnen, die Vorkommnisse eines Tages und unser Leben so zu lesen, daß uns alles zum Anlaß für das Lob Gottes wird.

Maria singt im Magnificat das große Lob Gottes, das die ganze Welt umfaßt. Man könnte fragen: Was hat Maria denn gesehen? Sie hat kurz einen Engel gesehen, und wir wissen nicht einmal, wie sie ihn genau gesehen hat. Sie hat den Gruß der Elisabet gehört, und das war es. Das sind zwei bescheidene Vorfälle, aber sie hat darin das Wirken Gottes erkannt und daraus seinen universalen Heilsplan abgelesen. Das zeigt uns, daß nicht viel geschehen muß, um Gott zu loben. Es genügt, ein Ereignis, in dem Gott sich zeigt, wahrzunehmen. Von diesem Ereignis können wir dann aufsteigen zum Allmächtigen, zu Gott, dessen Name heilig ist und der sich erbarmt von Geschlecht zu Geschlecht (vgl. Lk 1,49f).

Man kann es auch psychologisch ausdrücken: Es genügt die Konzentration auf eine kleine Begebenheit, um den Blick in die Weite zu öffnen.

Macht

Mit der Konzentration von Macht wächst proportional die Versuchung, sie für partikulare Interessen zu mißbrauchen. Es ist daher nötig, eine einseitige Machtverteilung zu vermeiden. Anders gesagt: Macht muß so geordnet und verteilt werden, daß die Risiken des Machtmißbrauchs durch ihre Inhaber möglichst reduziert werden.

Die Entwicklung der politischen Institutionen und ihr Wandel in der Geschichte kann in diesem Sinn verstanden werden. Es ist der Weg vom absolutistischen Staat zum Rechts- und Verfassungsstaat der Demokratie mit entsprechenden sich fortentwickelnden Mechanismen der Kontrolle der Machtausübung.

Auch die fast instinktive Abwehr des Bürgers gegenüber dem bürokratisierten Staat und gegenüber dem Parteienstaat kann in diesem Sinn interpretiert werden. Er wehrt sich dagegen, daß bestimmte Gruppen die gesellschaftlichen Infrastrukturen zerstören und ihrer Entscheidungsbefugnis berauben.

Mir fällt dazu die bittere Frage ein, die sich eine der Figuren des Buches „Wein und Brot" von Ignazio Silone stellt. Es ist die Hauptperson, die für die Idee der Freiheit und der Gerechtigkeit gelitten hat und noch leidet, die sich fragt: „Ist die Wahrheit für mich nicht zur Wahrheit einer Partei geworden? Die Gerechtigkeit zur Gerechtigkeit einer Partei? Hat nicht das Interesse an der Organisation dazu geführt, in mir alle moralischen Werte zu übertönen, sie als kleinbürgerliche Vorurteile zu denunzieren, und ist dieses Interesse nicht zum höchsten Wert geworden?"

Magnificat

Der Lobpreis Marias (Lk 1,46–55) hat seinen Namen von dem Wort „Magnificat", mit dem er beginnt. Wörtlich heißt das: „Groß macht" meine Seele den Herrn. Der Ausdruck kann paradox erscheinen. Wie soll das gehen, den Herrn groß machen, größer, als er schon ist? Wir sagen oft: O Gott, wir preisen deine Größe. Aber das Wort, das Maria verwendet, offenbart eine sehr tiefe Zuneigung, ein höchst intensives Gefühl. Es drückt aus, daß Gott so groß wie nur möglich sein möge. Es ist wie bei einer Mutter, die ihr Kind so sehr liebt, daß sie wünscht, es möge das schönste, glücklichste, wichtigste Kind auf der ganzen Welt sein.

Und was heißt „exsultare" (meist mit „jubeln" übersetzt: Es jubelt mein Geist über Gott)? Es heißt springen, tanzen. Im Griechischen ist es das gleiche Wort, mit dem ausgedrückt wird, daß das Kind – Johannes – in Elisabets Schoß „hüpfte", als diese den Gruß Marias hörte (Lk 1,41).

Jubeln in diesem Sinn heißt, vor Freude zu hüpfen beginnen. So wie zum Beispiel eine Mutter sich verhält, deren Kind nach einer langen Krankheit wieder gesund geworden ist: Die Mutter nimmt es in seine Arme, sie tanzt vor Freude durch das Zimmer und ruft heraus, daß das Kleine wieder heil ist!

So müssen wir die Freude Marias sehen, ihren Jubel: Gott ist für sie ihr großes Du, dem sie sich tief und innig verbunden weiß.

Maria

Maria verkörpert das Geheimnis des Volkes Gottes, das Geheimnis der Kirche. Und die Kirche und jeder einzelne Christ lassen auf ihre Weise die Haltung Marias wieder lebendig werden.

Es sind drei Koordinaten, innerhalb deren wir das Leben, die Aufgabe und den besonderen Vorrang der Muttergottes verorten müssen:

Da ist ihre Einfügung in den Heilsplan der Liebe Gottes; in ihr ist das Geheimnis der Kirche exemplarisch verwirklicht; und sie ist die Verkörperung der Hoffnung für den sündigen Menschen.

Die Gnadenfülle der Jungfrau Maria ist sicher ein einzigartiges Geschenk, das nur ihr zukommt, aber sie ist auch ein Spiegel, in dem die Kirche die grundlegenden Werte eines jeden christlichen Lebens – auf erhabene Weise – verwirklicht sieht.

Der hl. Ambrosius hatte ein feines Empfinden für die enge Verbindung, die zwischen Maria und der Kirche, zwischen Maria und jeder christlichen Seele besteht. In seinem Kommentar zum Lukasevangelium schreibt er: „Secundum carnem una mater est Christi, secundum fidem tamen omnium fructus est Christus": dem Fleische nach gibt es nur eine einzige Mutter Christi, im Glauben aber bringen alle Christus zur Welt.

Am Festtag der Unbefleckten Empfängnis, dem Hochfest der ohne Erbsünde empfangenen Jungfrau und Gottesmutter Maria, feiern wir dankbar diese in der Kirche verwirklichten Geheimnisse des Glaubens.

Und wenn wir fragen, was in unserer eigenen persönlichen Glaubensgeschichte am ehesten dem entspricht, was für Maria die unbefleckte Empfängnis ist, ist die Antwort nicht schwer: Es ist die Taufe.

Der vollständige Sieg über die Sünde, die volle Zugehörigkeit zu Gott, die die ganze Existenz Marias geprägt haben, die liebevolle Umarmung durch den Vater, geschieht bei uns, die wir als Sünder geboren werden, in der Taufe.

Martyrium

Martyrium ist das friedliche Zeugnis, das in Zeiten der Verfolgung, wenn der Bruch unvermeidlich geworden ist, um den Preis des Lebens für Christus abgelegt wird.

Es ist ein friedliches Zeugnis, das heißt, es wird in Liebe und ohne Waffen abgelegt. Wer mit der Waffe in der Hand stirbt, ist kein Martyrer, auch nicht, wenn er für eine gerechte Sache kämpft. Darum hat die Kirche die Kreuzfahrer nie als Martyrer verehrt.

Es ist Zeugnis für Christus um den Preis des Lebens in Situationen, wo der Bruch unvermeidlich geworden ist, ein Gespräch nicht mehr möglich ist. Diese Situation war im Fall des ersten Martyrers, des hl. Stephanus, eingetreten: „Da erhoben sie ein lautes Geschrei, hielten sich die Ohren zu, stürmten gemeinsam auf ihn los" (Apg 7,57). Stephanus kommt nicht mehr zu Wort. Die Gesprächspartner wollen ihm nicht länger zuhören und greifen zur Gewalt.

Das Martyrium hat aber auch Teil am Vorrang der Liebe, die als Liebe bis zum Ende das Leben hingibt. Das Martyrium ist Ausdruck der Konsequenz des Glaubens, der verlangt, Jesus, den Herrn, nie vor den Menschen zu verleugnen. Aber die Menschen sind oft Sklaven der Mächte der Finsternis und streben danach, das Licht zu ersticken. Deshalb ist das Martyrium ansatzweise schon im Bekenntnis des Glaubens enthalten, in der Taufe und in der Firmung, auch wenn uns das nicht immer bewußt ist.

Die Seligpreisung, die im Matthäusevangelium alle andern zusammenfaßt, lautet: „Selig seid ihr, wenn ihr um meinetwillen beschimpft und verfolgt und auf alle Weise verleumdet werdet. Freut euch und jubelt: Euer Lohn im Himmel wird groß sein" (Mt 5,11–12).

Das Martyrium ist hier als die Lebensform des neuen Menschen dargestellt, und sie ist dies nicht nur abstrakt, sondern ganz konkret: „Nehmt euch aber vor den Menschen in acht! Denn sie werden euch vor die Gerichte bringen und in ihren Synagogen auspeitschen. Ihr werdet um meinetwillen vor Statthalter und Könige geführt, damit ihr vor ihnen und den Heiden Zeugnis ablegt. ... Und ihr werdet um meines Namens willen von allen gehaßt werden; wer aber bis zum Ende standhaft bleibt, der wird gerettet" (Mt 10,17f.22).

Jesus sieht dies alles für seine Kirche voraus, und die Geschichte lehrt uns, wie sehr er damit recht hatte.

Massenmedien

Seit Gott in menschlichen Worten und Ereignissen gesprochen hat, dürfen wir sicher sein, daß die Worte und Ereignisse dieser Welt geeignet sind, Träger seiner Mitteilung zu sein, fähig, seine Liebe, seine Wahrheit und sein Leben in den bescheidenen Worten und beschränkten Gesten unserer Erfahrungswelt zum Ausdruck zu bringen. Die Massenmedien sind in der Vielgestalt ihrer Ausdrucksformen (Sprache, Bild, Ton, Gesten, Erregung von Gefühlen) mögliche „Zelte", in denen das Wort Wohnung nehmen kann, sie sind wie der Saum seines Gewandes, über den sich seine heilbringende Kraft mitteilen kann (vgl. Mk 5,25–34).

Allerdings dürfen wir die mögliche Zweideutigkeit nicht überspielen. Die menschliche Sprache kann zwar zur Trägerin der göttlichen Botschaft und Gabe werden, doch erschöpft diese sich nicht ihr. Gott bleibt immer größer als die Worte und Gesten des Menschen. Folglich haben auch die Massenmedien, selbst wenn sie nur zum Besten eingesetzt würden, immer nur relative, begrenzte Möglichkeiten.

Wir dürfen nie vergessen, daß das Geheimnis Gottes alle Wirklichkeit übersteigt, und das sollte uns wachsam machen und aufmerksam werden lassen für das, was über die bloße „Nachricht" hinausgeht.

Der Saum ist und bleibt ein Teil des Gewandes, und das Gewand verweist auf die Person, die es trägt und es jederzeit ablegen kann, wenn sie es nicht mehr braucht.

Die Massenmedien sind Mittel, nicht Ziel, sie sind Werkzeuge, vorläufige und nicht endgültige Wirklichkeit. Sie können den Weg der Wahrheit verbergen und ihn behindern; aber selbst wenn sie für die Wahrheit ganz offen wären, würden sie diese doch nicht ganz fassen.

Mensch

Gott, du unser Schöpfer und Vater, wir loben dich und preisen dich, denn du bist groß und hast uns das Leben geschenkt. Wir danken dir, denn wunderbar hast du uns geschaffen, hast uns gewirkt in den Tiefen der Erde. Du hast unser Inneres geschaffen, uns gewoben im Schoß der Mutter. Staunenswert sind deine Werke."

Die unmittelbarste Reaktion des Menschen, der über sein Leben nachdenkt, ist Staunen und Verwunderung. Unser Lobgebet, das sich an Formulierungen des Psalms 139 anschließt, ist ein Hymnus auf das geheimnisvolle Handeln Gottes, der das menschliche Geschöpf im Mutterschoß „webt", „wirkt" und „formt".

Gott kennt den Menschen von den verborgensten Anfängen an. Er kennt die Leibesfrucht, die noch kein Auge sehen

kann, denn er ist von Anfang der Herr über die „Nieren"
und über die „Eingeweide" des Menschen, das heißt über
sein Innerstes. Der Mensch gehört Gott an vom Mutterschoß an, und darin ist seine Größe und die Größe seines
Lebens begründet.

Das Auge des Herrn sieht, was für den Blick des Menschen noch unsichtbar ist. Es sieht darüber hinaus auch, was
noch keine Form und Gestalt hat. Die Tage des Erwachse-
nen von morgen sind schon eingeschrieben in das Buch
seines Lebens. So gesehen ist der Mensch das größte Wunder Gottes, in ihm und seiner Erschaffung offenbart sich
Gott selbst. Die menschliche Leibesfrucht ist Zeichen der
schöpferischen Liebe Gottes, eine Manifestation seiner
schöpferischen Phantasie und seiner Herrlichkeit. Sie ist der
Entwurf zu einem Projekt Gottes, das Vorwort zu einem
neuen Abschnitt im „Buch des Lebens", der Beginn einer
Berufung.

Wahrhaftig, groß ist das Geheimnis des Menschen, den
Gott geschaffen hat.

Mission

Mission bedeutet die unaufhaltbare Ausstrahlung der
Kraft, des Anspruchs und der tiefen Lebendigkeit des
Evangeliums, der frohen Botschaft Jesu, des Sohnes Gottes.
Er ist gekommen, uns zu retten, er ist für uns gestorben und
auferweckt worden, er ist Ursprung, Richtschnur und
Richter der Geschichte der Menschheit.

Der Anspruch Jesu, seine heilbringende Kraft und seine
wahre Menschlichkeit sind verschiedene Aspekte seines
Wesens, die eng miteinander verbunden sind.

Der fundamentale Anspruch, aus dem alles andere folgt,
ist darin begründet, daß das menschliche Schicksal Jesu – als

die Geschichte des Sohnes Gottes – das Wort Gottes für jeden Menschen ist. Es offenbart den Heilsplan Gottes und ist Wahrheit, Leben und Hoffnung für die Menschheit.

Dieser grundlegende Anspruch setzt sich um in den konkreten persönlichen Anspruch, mit dem Jesus in der Geschichte handelt, Entscheidungen trifft, die Menschen zu sich ruft und Institutionen schafft, damit seine Botschaft und seine Lebenskraft auch jeden Menschen erreicht.

Die nächste Ebene ist der geschichtlich-kulturelle Anspruch, mit dem Jesus die Menschen in ihrer geschichtlichen Konkretheit erreicht, in den verschiedenen Lebensumständen, in den wechselnden kulturellen Bedingungen, die die Evolution der Menschheit, der Völker und der ganzen Menschheit begleiten.

Mitleid

Friede erwächst aus dem Mitleid. Wir verbinden mit diesem Begriff mehrere Bedeutungen; in der Antike, aber auch im Buddhismus, bedeutet er Zärtlichkeit und Hinwendung zu allen Geschöpfen. Aus dem inneren Frieden erwächst jene mitfühlende Güte, Aufmerksamkeit und Achtsamkeit gegenüber allem Lebendigen, die zu einer Lebenseinstellung und Lebenshaltung wird. Es ist ein Haltung der Ehrfurcht, der Güte, des Hinhörens.

Mitleid hat eine starke philosophische und religiöse Wurzel, sie ist nicht nur eine Angelegenheit des Wollens („Ich möchte Mitleid empfinden"). Diese Wurzel, die das indische Denken auf seine Weise ausdrückt, ist die Einheit der Gesamtwirklichkeit und die Gegenwärtigkeit Gottes in ihr.

Im Christentum findet der gemeinte Sachverhalt sehr prägnant in der Stellung Ausdruck, die Christus einnimmt. Er ist die Mitte des Alls und zieht alle Geschöpfe, alle Männer und Frauen dieser Welt an sich und nimmt sie auf in den Dialog des Bundes.

Die Verbindung mit ihm ist eine Brüderlichkeit und Geschwisterlichkeit nicht aufgrund gleicher Abstammung, es ist eine Geschwisterlichkeit der Solidarität, einer seinsmäßigen Gemeinschaft, die stärker ist als jede Gemeinschaft aufgrund gleicher natürlicher Herkunft. Und tatsächlich ist die Gemeinschaft, die wir in Christus bilden, stärker als jede Gemeinschaft, die sich auf Vorgaben natürlicher Art gründet. Wo ein Mensch sich diese Gemeinschaftlichkeit zu eigen macht, zeigt sich das darin, daß er dem anderen mit Ehrfurcht, Liebe und Vergebungsbereitschaft gegenübertritt. Christliche Solidarität, verstanden in dem Sinn, daß wir alle im Leib Christi eine Gemeinschaft bilden, ist deshalb der letztlich ausschlaggebende Beweggrund unseres Handelns.

Mündigkeit des Christen

Wie immer man die Gestalt des mündigen Christen näher bestimmen will, drei grundlegende Merkmale gehören auf jeden Fall dazu.

Das erste Merkmal ist die positive Lebenseinstellung.

Es ist dies eine Einstellung, die immer Brücken zu schlagen versucht, die heikle Situationen rettet und nach vorne blickt.

Wenn wir daran denken, was der hl. Paulus in seinem Hymnus auf die Liebe ausführt: „Sie erträgt alles, glaubt alles, hofft alles, hält allem stand" (1 Kor 13,7), müssen wir sagen, daß es in der Vorstellung vom mündigen Christen keinen Platz gibt für Niedergeschlagenheit, Mißtrauen, Mißstimmung, Trübsinn oder Argwohn. Auch eine bestimmte Art von Animosität paßt nicht zur Vorstellung eines im Glauben gereiften Christen. Wir erwarten statt dessen eher gesammelte Kraft, Mut und Großherzigkeit.

Das zweite Merkmal, das wir nicht vernachlässigen dürfen, ist das Bewußtsein, daß christliches Leben Konfliktbewältigung bedeutet.

Wie kommt es zu dieser Vorstellung? Der hl. Paulus spricht es im Galaterbrief ganz klar aus: „Die Frucht des Geistes *aber* ist ..." (Gal 5,22). Dieses „aber" verweist auf die vorhergehenden Verse, in denen die „Werke des Fleisches" genannt werden: „Unzucht, Unsittlichkeit, ausschweifendes Leben, Götzendienst, Zauberei, Feindschaften, Streit, Eifersucht, Jähzorn, Eigennutz, Spaltungen, Parteiungen, Neid und Mißgunst, Trink- und Eßgelage und ähnliches mehr" (5,19–21).

Zum Christen reift man nicht friedlich in einer ruhigen persönlichen Entwicklung heran, sondern in einem konfliktträchtigen und konfliktgeladenen Prozeß. Es ist ein Prozeß, in dem klare Abgrenzungen erfolgen müssen. Gegen alles, was im Menschen, in der Gemeinschaft und in der Gesellschaft die christliche Persönlichkeit zu verbiegen droht, muß Widerspruch erhoben und Fehlentwicklungen müssen verurteilt werden.

Bei aller positiven Einstellung ist der Christ also sehr wohl konfliktbereit, da er weiß, daß er sich beständig von den Werken der Finsternis abgrenzen muß.

Das dritte Merkmal ist ein tief verwurzeltes Streben nach Einheit mit sich selbst. Daß die vielfältigen Haltungen, die ein Christ einnimmt, aus einer zugrundeliegenden Einheit erwachsen, läßt sich sogar philologisch demonstrieren. Paulus beginnt seine Aufzählung mit „die Frucht des Geistes", er verwendet also den Singular. Was er aufzählt, ist die eine Frucht des Wachstums des Christen.

Mut

Pflegt in eurem Leben die Tugend des Mutes und der Tapferkeit. Habt Mut, euch den tiefsten Fragen über die Wirklichkeit des Menschen zu stellen, und habt den Mut, eure Freiheit so zu gebrauchen, daß ihr euer Leben auf Wahrheit und Gerechtigkeit gründet. Habt den Mut zu sorgfältigem und verantwortlichem Lernen, zu treuer und achtungsvoller Freundschaft.

Die Absage an Besitzgier jeder Art, an die Begierde der Augen und der Sinne, an den Anspruch auf die ersten Plätze wird zur großherzigen Antwort auf die Liebe Gottes, auf sein Angebot, auf sein Wort, auf die Nöte des Bruders, auf die vielfältigen Hilferufe, die viele Menschen und ganze Völker an uns richten.

Der Mut öffnet das Herz, daß es versteht, daß leben nicht einfach „einen Weg gehen" bedeutet, sondern daß es heißt, „gerufen und gesandt" zu sein. Leben bedeutet nicht die Antwort finden auf die Frage „Was befriedigt mich?", leben bedeutet lieben und das wählen, was Gott gefällt, was gut, gerecht und wahr ist.

Nachfolge

Komm und folge mir nach" (Mk 10,21): das sind die letzten Worte Jesu an den reichen Jüngling.

Diese Worte drücken das Neue des Evangeliums aus. Sie sind die Formulierung des Hauptgebotes des Alten Testaments: „Höre, Israel! Der Herr, unser Gott, ist ein einziger Herr! Darum sollst du den Herrn, deinen Gott, lieben mit ganzem Herzen, mit ganzer Seele und mit ganzer Kraft" (vgl. Dtn 6,4f). Gott, den Herrn, das einzige Gut, lieben heißt konkret: zu Jesus kommen und ihm nachfolgen.

Der Jünger ist aufgerufen, zu Jesus zu kommen und ihm nachzufolgen – nachdem er alles zurückgelassen hat, was ihn von sich selbst entfremdet und ihn von den Brüdern trennt. Möglich ist das, weil er den Schatz entdeckt hat und sein Herz ist dort, wo sein Schatz ist. Für ihn „ist Christus das Leben", und er wird von einer einzigen Sehnsucht bewegt: „bei Christus zu sein" (vgl. Phil 1,21.23)

Deshalb hat Jesus die Zwölf erwählt, daß sie „mit ihm" sind (Mk 3,14). Das Sein mit Jesus, dem Sohn, ist das Ziel, für das wir geschaffen sind. Im Sein mit ihm gewinnen wir unsere wirkliche Identität, werden wir zu Kindern Gottes, die nach seinem Bild und Gleichnis geschaffen sind.

Sein mit Jesus bedeutet mit ihm eins werden. Darin besteht das Leben des Jüngers. Im Evangelium kommt dieses Einssein auf verschiedene Weise zum Ausdruck.

In den Augen (das heißt im Glauben): Sie sehen und betrachten, nehmen ihn auf, während er uns an sich zieht.

In den Füßen (das heißt in der Hoffnung): Wir gehen mit ihnen den Weg, um zu ihm zu gelangen, der unser Herz entflammt hat.

In den Händen (das heißt in der Liebe): Sie berühren ihn, und er heilt uns von allem Elend, das seine Abwesenheit verursacht hat.

Unsere Nachfolge ist die Antwort auf Jesu Blick: „Er sah ihn an und liebte ihn" (vgl. Mk 10,21). In diesem Blick liegt der Ursprung unserer Sehnsucht nach ihm, die in Ewigkeit nicht enden wird.

Nächstenliebe

Mit dem Gleichnis vom barmherzigen Samariter lehrt Jesus die unverwechselbare Haltung, in der die Liebe zum Nächsten besteht. Liebe zum Nächsten heißt, jedem

Menschen mit der gleichen reinen, selbstlosen und bedingungslosen Liebe Gottes gegenübertreten; jeden Menschen annehmen, aus dem einfachen Grund, daß er ein Mensch ist; jedem Menschen zum Nächsten werden, jenseits jeder kulturellen, rassischen, psychologischen oder religiösen Grenze; Wünsche vorweg erspüren; Bedürfnisse erkennen, an die bisher noch keiner gedacht hat; dem, der am weitesten zurückgesetzt wurde, den Vorzug geben; dem Würde geben und Wertschätzung zeigen, der nichts hat und nichts kann.

Jeder Mensch ist Kind Gottes, beschenkt mit geheimnisvollen Gnadengaben. Diese Erkenntnis ermöglicht es uns, jeden, der leidet, wie einen Bruder, wie eine Schwester aufzunehmen. Jeder gibt und empfängt dabei entsprechend den wunderbaren Gesetzen, wie sie in der Gemeinschaft der Heiligen gelten.

Die Gemeinschaft in Christus ist das unverhoffte, diese Welt übersteigende Siegel der verschiedenen Formen der menschlichen Gemeinschaften. Sie ist der unerschöpfliche Quell immer neuer Formen von Gemeinschaft und Kommunikation. Sie ist das anspruchsvolle Modell, an dem die christliche Gemeinde ihr eigenes Verhalten messen muß. Wie steht sie zu den Benachteiligten und Kranken, wie steht es um ihre Aufnahmebereitschaft, wie um die Katechese, die Liturgie, welche Wertschätzung zeigt sie für die verschiedenen Charismen?

Die Gemeinschaft in und mit Christus ist Quell der Einheit und Gewähr einer heilsamen Vielfalt. Kraft dieser Gemeinschaft „gibt es nicht mehr Juden und Griechen, nicht Sklaven und Freie, nicht Mann und Frau; denn ihr seid alle *einer* in Christus Jesus" (Gal 3,28). Ebenso gilt aber zugleich: „So sind wir, die vielen, ein Leib in Christus, ... aber wir haben unterschiedliche Gaben, je nach der uns verliehenen Gnade" (Röm 12,5).

Nähe

Die Beziehung von Person zu Person zeichnet sich dadurch aus, daß sie klar, entschieden und unmißverständlich ist. Sie erwächst spontan aus dem Mitgefühl, das den barmherzigen Samariter veranlaßt, sich um den Verletzten zu kümmern. Theologisch gesprochen ist sie Teilhabe an der Zärtlichkeit Gottes für den Menschen, sie ist ein liebevolles und intensives Gefühl, das Christus dem Menschen entgegengebracht hat und nun jeder von uns dem Bruder, der Schwester entgegenbringt.

Diese Beziehung von Person zu Person hat immer Vorrang, sie ist eben auf gewisse Weise unmißverständlich und entschieden. In einer solchen Beziehung ist es schwierig, sich hinter Masken oder einer Uniform zu verbergen, nach Ausreden oder Entschuldigungen zu suchen oder sich hinter einer Vorschrift zu verstecken.

Diese direkten und persönlichen Beziehungen sind allerdings immer in ein Umfeld sozialer und gesellschaftlicher Beziehungen eingebettet.

Der Samariter braucht zum Beispiel den Wirt der Herberge und die Herberge. Er braucht andere Dinge, um seine Nächstenliebe leben zu können. Er braucht Geld (und die zwei Denare verweisen auf die politische Situation des besetzten Landes), er braucht Öl und Wein. Und so werden auch die Produzenten des Öls und des Weines zum Nächsten des Verwundeten. Es entsteht ein ganzes Netz von Beziehungen, die in dieser Tat der Nächstenliebe einander voraussetzen und bedingen. Für jemanden zum Nächsten werden, sich ihm gegenüber als Nächster erweisen, bedeutet also, einen langen Weg gehen, in dessen Verlauf viele reale Beziehungen geknüpft werden müssen.

Nicht alle sind notwendigerweise unmittelbar. Worauf es ankommt, ist die Intention, sich als Nächster zu erweisen, die Ursprünglichkeit der Liebe. Dabei erweist sich, daß die „verteilende Gerechtigkeit" (wie der Fachausdruck lautet) mit ihren zahlreichen Stellen und ihrem Aufwand tatsächlich ein – nicht zu vernachlässigender – Weg sein kann, wie Nächstenliebe geübt wird, wobei allerdings Intention und Vorgehensweise ständig überprüft werden müssen.

Vielleicht lassen sich die Worte des Letzten Gerichts (Wann haben wir dich nackt, krank, hungrig gesehen? vgl. Mt 25,31–46) auf unser Thema bezogen so abwandeln: „Ich habe doch nur Anträge ausgefüllt und Bescheinigungen ausgestellt ...". „Nein, das hast du mir getan."

Offenbarung

Die göttliche Offenbarung in Jesus teilt uns mit, was Gott – als der Herr der Geschichte – mit der Geschichte gewollt hat, was er tun will und was er tun wird: Gott wollte vor allem anderen und in erster Linie, daß ein Ereignis der Geschichte, nämlich das irdische Leben Jesu, die volle Offenbarung seiner Liebe würde. In seinem Schicksal hat eine wahrhaft und zutiefst menschliche Freiheit Erfüllung gefunden, die sich in vollkommenem Sohnesgehorsam mit Gott hat erfüllen lassen und selbst das ganze Universum erfüllt, indem sie alle Geschöpfe an sich zieht: „Und ich, wenn ich über die Erde erhöht bin, werde alle zu mir ziehen" (Joh 12,32); Jesus mußte sterben, „um die versprengten Kinder Gottes wieder zu sammeln" (Joh 11,52).

Das Leben des Menschen Jesus ist nicht nur erfüllt von Gott und gibt selbst die Fülle Gottes weiter, es ist so sehr Zeichen der Liebe Gottes zur Menschheit, daß es mit Gott selbst eins wird. Es ist das menschliche Leben des ewigen Sohnes Gottes. Dieses Leben hat seinen Höhepunkt im

Ostergeschehen. In seinem Tod und seiner Auferstehung offenbart Jesus, daß seine Bereitschaft, den Willen des Vaters zu tun, bis zum äußersten geht, und gleichzeitig wird sichtbar, wie sehr sich die Liebe des Vaters entäußert, um der ganzen Menschheit Leben, Freude und Frieden zu schenken.

Opfer

Der hl. Augustinus beschreibt das christliche Opfer als eine Handlung, die ausgeführt wird, um zu Gott in eine Beziehung der kindlichen Liebe einzutreten. Das Opfer ist demnach ein Überschreiten, es ist der Eintritt in den göttlichen Bereich. Nach Augustinus – und alle Kirchenväter teilen seine Ansicht – kommt es nicht so sehr auf die Handlung, sondern auf das Ziel der Handlung an. Auch das Opfer ist Gnade des Heiligen Geistes, der im erlösten Menschen – ausgehend vom Geist des Glaubens – den Geist des Opfers erweckt. Mit anderen Worten: Gegenstand des Opfers ist der Mensch selbst. Bewegt von der Liebe, macht er den Schritt von der Sorge und Mühe um die vielen Dinge (vgl. Lk 10,41) zur einzigartigen Weihe der eigenen Existenz an Gott. Er gibt seinem ganzen Leben die Bedeutung eines Aktes der Liebe, und das ist das Opfer im wahrsten Sinn des Wortes.

Wenn man vom Opfer im christlichen Sinn sprechen will, muß man die Überlegung noch einen Schritt weiter führen. Man kommt dann zum Opfer schlechthin, zum grundlegenden und bedeutendsten Opfer überhaupt, und das ist das Opfer von Golgata. Auf Golgata opfert sich Christus, um dann in der Auferstehung seine Braut, die Kirche, in die Herrlichkeit des Vaters zu tragen.

Unser ganzes Leben steht – als christliches Opfer – in

Beziehung zur Eucharistie, die ihrerseits in Beziehung steht zum Kreuz, dem vollkommenen Opfer, der totalen Hingabe Christi an den Willen und die Liebe des Vaters. Am Kreuz erhöht, zieht er die ganze Menschheit an sich.

Wie wird das Opfer Bestandteil unseres täglichen Lebens? Durch die „rechte Ausrichtung des Herzens", was man früher die „rechte Intention" genannt hat. Sie ist Inbegriff und Zusammenfassung der christlichen Aszese. Ein Mensch, der seine ganze Existenz im Vorsatz zusammenfaßt, allein Gott zu gefallen, tritt in das Opfer Christi und damit in das Reich des Vaters ein. Er nimmt teil an der Fülle Gottes und läßt auch die Wirklichkeit, die er mit der rechten Ausrichtung des Herzens heiligt, daran teilhaben.

Ostern

Das Licht der Auferstehung bringt das Kreuz nicht zum Verschwinden, sondern es hilft dem Glaubenden, das Geheimnis des Lebens und der Liebe zu verstehen, das von diesem Kreuz ausströmt.

Wenn wir diesen Zusammenhang, der die innerste Struktur des österlichen Geheimnisses darstellt, nicht beachten, kann das zu schwerwiegenden Fehlverständnissen führen. Die Osterfreude und der Ostergruß müssen die Welt in ihrer tatsächlichen Verfaßtheit ernst nehmen. Betrachtet man den faktischen Ablauf der Ereignisse aus historischer Sicht, scheint sich nichts geändert zu haben: Wir müssen weiter mit Krankheit, Tod, Haß und gesellschaftlichen Unruhen leben. Ostern hebt diesen Zustand nicht gleich auf, es sagt uns vielmehr: Christus lebt in der Herrlichkeit Gottes, er lebt in der Kirche und in der Geschichte, er lebt in uns. Das gibt uns die Kraft zu lieben und versetzt uns in die Lage, immer mehr zu hoffen und zu lieben.

Wer etwas vom Leben und von der Liebe verstanden hat, für den sagt dieses Wort alles. Wer auch das Leid und den Tod in der Liebe lebt, versichert uns Christus, wird von Gott nicht verlassen, sondern gehört und geliebt, er ist unterwegs zur Fülle des Lebens und der Freude. Wer liebt, empfängt das Leben Christi und verbreitet um sich herum Leben. Die österliche Freude ist also nicht oberflächlich oder leichtsinnig, sie ist auch nicht die Freude eines schnell vergänglichen Augenblicks. Osterfreude bewahrt in allem Ernst das Gedächtnis des Kreuzes. So weist sie uns den Weg, den Brüdern und Schwestern die wahre Hoffnung zu verkünden.

Paradies

Heute noch wirst du mit mir im Paradies sein" (Lk 23,43). Das Wort des Gekreuzigten an den reumütigen Schächer offenbart, was das Paradies ist: ein „Sein mit Christus", in ihm auf ewig den Dialog der Liebe mit dem Vater im Heiligen Geist leben. Diese Verbindung mit dem Herrn in unvorstellbarer Fülle ist das wesentliche Prinzip, das Fundament jeder Seligkeit des Seins.

Das Erwarten des Paradieses geschieht in der Vorwegnahme der Freude der Begegnung mit dem Herrn und in der Freude der brüderlichen Gemeinschaft, in der alle verbunden sind, die diese Sehnsucht teilen.

Die Gestalt dieser Vorwegnahme ist so tief und zart, daß sie sich in ihrer vollen Bedeutung nur in einem kontemplativen Leben erschließt. Ihrem Wesen nach gehört sie allerdings zu jedem Leben aus dem Glauben. In der Vertrautheit mit dem Herrn und im Vertrauen auf seine Fürsorge wird sie zu gelebter Erfahrung. Die Spiritualität des Hohen Liedes der Liebe ist deshalb – wie es eine im Christentum immer wieder erneuerte Tradition des geistlichen Lebens lehrt – eine lebenswichtige Dimension unserer Gottesbeziehung im Alltag. Der Alltag ist die Zeit, in der diese Liebe entflammt, um sich im Überschwang zu verzehren. Sie wird gepflegt und bewahrt in der Innigkeit eines Dialogs, der an die tiefsten Fasern unseres Seins rührt.

Pascha

Welche Bedeutung hat das Pascha bzw. Pessach der Juden? Es ist ein Festmahl anläßlich eines Familienfestes: etwas sehr Einfaches, das sich absetzt von der Bitterkeit und Schwere der Arbeit.

Es ist ein Festmahl in der Familie, bei dem man wie an Feiertagen speist. Alles wird sorgfältig vorbereitet. Es ist ein Moment, in dem man alle Sorgen vergißt. Es ist ein Festmahl, bei dem die feierlichen Handlungen sorgfältig, wie etwas Heiliges, beobachtet werden müssen. Aber das alles findet in der Familie statt, in großer Vertraulichkeit und Schlichtheit.

Was bedeutet nun dieses Fest für die Juden aller Zeiten? Es bedeutet, die Sorgen und die Lebensängste abzulegen und einen Moment idealer und realer Befreiung zu erleben, der Befreiung von allem, was das Leben so mühsam macht.

Es ist vor allem die Erinnerung an Verfolgung und Schwierigkeiten, die in der Feier des Pessach lebendig wird. Sie sind gegenwärtig, bedrücken aber die Seele nicht. Im Moment des Pessach lebt man in einer Situation, als wäre in der Geschichte eine Pause eingetreten.

Als Israel das erste Pessach feierte, war es noch nicht aus Ägypten ausgezogen. Es stand noch unter der Bedrohung der Unterdrückung, und doch erlebte es schon einen Moment der Befreiung. Die Sorgen sind abgelegt, trotz der

Feindseligkeit der Umgebung. Es wird der Sieg über die Lebensangst gefeiert, im Vertrauen darauf, daß Gott der Befreier ist.

Es ist eine religiöse Feier, in der – in den widrigen Umständen – die siegreiche Macht Gottes gefeiert wird, und auf diese Weise wird die Befreiung schon real erlebt. In der Feier ist sie schon gegenwärtig.

Wenn die Kinder Israels Pessach feiern, erinnern sie sich: Jetzt befreit uns Gott, dies ist die Zeit unseres Heils.

Passion

Der Blick des Gläubigen vermag in jeder Person, die in ihrer Würde erniedrigt, in ihren Rechten beschnitten, deren Lebenswille ausgelöscht wird, die Fortsetzung des Leidens Christi, der Frucht der Sünde, wiederzuerkennen. Nichts auf der Welt hat eine höhere Berufung als der Mensch, doch manchmal hat es den Anschein, daß vielen unseresgleichen das Wesentlichste vorenthalten wird.

Wir leben in einer Welt, die gelernt hat, Menschen in das All zu schicken und sie dort kreisen zu lassen, die mit bewundernswerten Erfindungen den Menschen aus seinen jahrhundertealten Abhängigkeiten befreit und den Kampf gegen den Mangel gewonnen hat. Aber gleichzeitig sah sich die Menschheit immer wieder mit neuen Formen des Leidens und der Qual konfrontiert. Wir können nicht anders, als darin das gleiche Geheimnis des Bösen und der Sünde zu erkennen, das seit jeher in der Geschichte wirksam ist. Uns davon mit seiner Passion zu erlösen ist Christus gekommen.

Die Passion findet heute überall dort statt, wo Menschen leiden. Ich denke an die Arbeitslosen, an die Menschen, die mit wachsender Angst in die Zukunft blicken, an Entführungsopfer und die Opfer sinnloser und grausamer, unmenschlicher Gewalttat. Aber sie ereignet sich auch dort, wo alte Menschen, die ihre Kräfte verloren haben und auf die Seite gedrängt werden, einsam sind – und wie viele klagen leidvoll über diese Einsamkeit –, sie ereignet sich, wo Menschen ohne jede Chance auf Gerechtigkeit warten, sie wird erlitten von den Flüchtlingen, die ihre Heimat verloren haben und keine neue finden, die abgewiesen werden und vielleicht, obwohl sie Seite an Seite mit uns leben, nicht einmal eine Unterkunft haben.

Das Geheimnis des Kreuzes ist gegenwärtig in allen, die leidvoll spüren, daß sie ausgeschlossen sind, und die unsere Gesellschaft das auch spüren läßt. Es ist gegenwärtig in den Benachteiligten und dort, wo Lösungen, die Lösungen des Todes sind, als einziger Ausweg erscheinen wie bei Drogenabhängigen oder nicht therapierbaren Straftätern.

Person

Der Mensch ist Partner im Dialog mit Gott. Die Würde dieses personalen Dialogs kommt jedem Menschen zu, und deshalb hat jeder Mensch Anspruch auf höchste Achtung. Gott schaut nicht auf Gesetz und Moral, er bietet jedem Menschen, jedem Mann und jeder Frau, den personalen Dialog an. Der Heilige Geist rührt an das Innerste eines jeden Menschen, damit er oder sie sich an Gott als Vater wende.

Achtung vor dem Menschen bedeutet auch Achtung vor seinem Geheimnis, das wir nie voll ergründen können, das wir nicht verplanen, sondern nur annehmen können. Und wir können es begleiten mit den Mitteln, die das Wort Gottes bereitstellt. Dieses Wort wurde weitergegeben durch die Propheten und ist heute wirksam im Ansporn der Kirche. Sie legt das Wort aus in der Predigt und setzt es auch in gesetzliche Bestimmungen um. Dabei darf sie nie vergessen, daß Gott allein das Geheimnis der Person kennt und daß, was heute nicht geschieht, morgen geschehen kann.

Gott hat seine eigene Zeit, der Mensch sät und weiß nicht, wann er erntet. Auch in unserem pastoralen Handeln säen wir und wissen nicht, wann und wie wir ernten werden, wie die Antwort ausfallen wird. Es wäre müßig, sich zu ärgern, sich zu grämen oder enttäuscht zu sein. Es liegt alles bei Gott, der vielleicht zu einer Zeit, die wir nicht kennen, ernten wird, was wir unter Tränen gesät haben.

Mir scheint, die Erfahrung, die die hl. Monika mit ihrem Sohn Augustinus gemacht hat, sei genau diese Erfahrung der Achtung vor dem Geheimnis. Sie hat gebetet, geweint, sie hat den Sohn freundschaftlich begleitet und dabei auf die Zeit Gottes gewartet.

Pfingsten

Dieses altehrwürdige Fest, das 50 Tage nach Ostern gefeiert wird, erinnerte ursprünglich an die Ernte, es war das Fest der Ernten. Es wurde dann zum Fest der Erneuerung des Bundes und erinnerte nun an die Gabe des Gesetzes am Berg Sinai.

Das Brausen wie ein Sturm und das Feuer erinnern an die Erscheinung Gottes, die große alttestamentliche Theophanie.

Der Sturm, der daherfährt, ist Zeichen des Einbrechens Gottes in die Welt, des Gottes, der Besitz ergreift von der menschlichen Kreatur, so wie er Besitz ergriffen hat von Jesus und wie er von jedem Gläubigen Besitz ergreift. Er ist das Zeichen der neuen Menschheit im Heiligen Geist.

Das Feuer, in dem sich der Heilige Geist jedem in Form der Feuerzunge mitteilt, besiegelt diese personale, einzigartige Beziehung mit der Dreifaltigkeit. Es ist das Zeichen Gottes, der in einen jeden wie erleuchtendes und verzehrendes Feuer eingeht und dann zum Wort in der Kirche wird.

Vom Sturm und vom Feuer geht die Gabe der Sprachen aus. Während in Babel die Vielheit der Sprachen den Bruch und die Verwirrung der Menschen angezeigt hat, ist hier die Vielheit der Sprachen, die sie hören und in denen sie einander verstehen, der Beginn der Universalität der Kirche, des einen und einzigartigen Leibes Christi, die mit einer und einzigartiger Sprache die Großtaten Gottes verkündet.

Pfingsten ist also nicht einfach nur das Fest des Heiligen Geistes. Das Fest des Heiligen Geistes feiern wir jeden Sonntag, in jedem Gottesdienst, in jedem Sakrament. Zu Pfingsten feiern wir das historische Fest des Beginns der Kirche in der Kraft des Heiligen Geistes.

Es ist das Fest der Kirche Jesu Christi, die von seinem Geist lebt.

Politik

Lohnt es die Mühe, sich aktiv in der Politik zu engagieren? Ich möchte darauf eine vielleicht kühne, jedenfalls radikale Antwort geben.

Wenn wir nicht zu einer kontemplativen Sicht der Politik gelangen, werden auf die Frage keine Antwort geben können, die wirklich Bestand hat. Wir geben dann Antworten, die sich an der Nützlichkeit orientieren, an der Vorteilhaftigkeit, an der Dringlichkeit, aber diese Antworten sind nicht beständig. Sie halten in den schwierigen Momenten des politischen Handelns, das voll Doppeldeutigkeit und voll Fallen ist, nicht stand. Wir müssen einen höheren Standpunkt einnehmen, wir brauchen eine kontemplative Sicht der Politik. Anhaltspunkt und Quelle dafür könnten zum Beispiel das Buch der Geheimen Offenbarung des Johannes oder der Epheserbrief und der Kolosserbrief sein.

Wir könnten unsere Frage auch so formulieren: Worin besteht der Sinn des politischen Handelns, wenn wir darunter nicht nur die Kunst verstehen, das gesellschaftliche Gleichgewicht zu stabilisieren, sondern wenn wir es als konstruktive Kraft einer Gesellschaft begreifen?

Die Antwort lautet: Das politische Handeln hat die Einheit der Menschheit zum Ziel.

Hierin liegt der definitive und ausschlaggebende Wert des politischen Handelns. Und die Einheit der Menschheit ist ein theologischer Wert, denn sie ist ein historischer Reflex des himmlischen Jerusalem Gottes, der Stadt, auf die hin die ganze Heilsgeschichte unterwegs ist.

Die Einheit der Menschheit ist weiter eine – zwar unvollkommene, aber gültige – geschichtliche Abschrift der trinitarischen Gemeinschaft, der drei göttlichen Personen, in der Geschichte.

Kontemplativ ist diese Sicht also insofern, als sie sich auf das Geheimnis der Dreifaltigkeit bezieht. Dieses Geheimnis der Dreifaltigkeit entfaltet sich in der himmlischen und irdischen Kirche, und es wirft einen gültigen Schatten seiner selbst in dem Ideal der Einheit aller Menschen, der Einheit des Menschengeschlechts, als dem letzten Ziel allen politischen Handelns.

Die Einheit der Welt – der geschichtliche Schatten der Stadt Gottes, auf welche die Heilsgeschichte zuläuft, und der geschichtliche Reflex der Gemeinschaft der drei göttlichen Personen – ist eine ernsthafte Sache. Sie ist ein Wert, für den sich einzusetzen jede Mühe lohnt und den wir nie außer acht lassen dürfen.

Predigt

Das Wort Gottes verkünden heißt von Jesus Christus reden. Bevor wir über die christlichen „Inhalte" predigen, müssen wir das Fundament neu legen, das heißt, die Predigt wieder auf Jesus Christus zentrieren.

Wir müssen die Männer und Frauen unserer Zeit an das Fundament heranführen, und das heißt an Jesus Christus. Er ist der Weg, der zur Erkenntnis Gottes führt, den wir mit ihm als Vater anrufen. Er ist das Evangelium, das zu einem Leben anleitet, das Gott gefällt.

Ich wünsche mir, daß jeder von euch in diesen Worten nicht nur die Schwere einer Verantwortung heraushört, die erschrecken könnte, sondern auch die Freude für ein Geschenk verspürt, das wir weitergeben dürfen. Jesus Christus heute verkündigen zu dürfen bedeutet, reich beschenkt mit Worten wahrer Hoffnung am größten Drama, das die Menschheit erlebt, unmittelbar mitzuwirken. Es geht um die Entscheidung, ob die Welt sich in einem undurchdringlichen Kreis der Selbstgerechtigkeit abschließt und sich – in der Illusion, alles Vertrauen auf die Dinge setzen zu können – innerhalb der engen Grenzen einer in sich geschlossenen Existenz verstehen will oder ob sie sich öffnet und auf den Weg macht, das Angesicht des lebendigen Gottes, des Spenders allen Lebens zu suchen. Wer sich dem Wort Gottes, das Jesus Christus ist, als Prediger zur Verfügung stellt, lebt als Wegbereiter des tiefsten Sinns der Geschichte der Menschen.

Als Diener des Wortes sind wir aufgerufen, an der Geschichte unserer Zeit teilzunehmen. Nur so können wir unseren Auftrag erfüllen: den Brüdern und Schwestern den Weg zu weisen, daß sie die rechte Richtung einschlagen, und sie auf dem Weg zu stärken, wenn sie müde oder mutlos sind.

Priesterliche Armut

Der Priester ist das lebendige Abbild des Herrn Jesus, der selbst als Priester und Lehrer die Kirche gründet und aufbaut und als guter Hirte für seine Herde sein Leben hingibt. „Simon, Sohn des Johannes, liebst du mich mehr als diese?" (Joh 21,15). Mit diesen Worten leitet der auferstandene Christus einen Dialog der grenzenlosen Liebe mit dem Apostel ein, den er ruft und beauftragt, die Herde zu weiden, und der dem Meister bis zur Hingabe des Lebens nachfolgen wird: „Wenn du aber alt geworden bist, wirst du deine Hände ausstrecken, und ein anderer wird dich gürten und dich führen, wohin du nicht willst. Das sagte Jesus, um anzudeuten, durch welchen Tod er Gott verherrlichen würde" (21,18f).

Das letzte Ziel und die tiefste Bedeutung der priesterlichen Armut ist es, für die Menschen die Liebe Christi sichtbar zu machen, indem wir immer mehr eins werden mit seiner bedingungslosen Hingabe aus Liebe zum Vater und zu den Brüdern.

So hat der hl. Paulus die apostolische Armut beschrieben und gelebt: Es geht darum, Christus gleichförmig zu werden, damit er alles und in allen sein kann. Das ist keine theoretische Aussage. Der Völkerapostel spricht eine Erfahrung aus. Es ist eine einzigartige Erfahrung, die dennoch alle machen können, die nicht an sich selbst festhalten.

Es ist die Erfahrung des Augenblicks, in dem man bereit ist, sich mit Christus kreuzigen zu lassen: „Nicht mehr ich lebe, sondern Christus lebt in mir. Soweit ich aber jetzt noch in dieser Welt lebe, lebe ich im Glauben an den Sohn Gottes, der mich geliebt und sich für mich hingegeben hat" (Gal 2,20).

„Nicht mehr ich lebe, sondern Christus lebt in mir": dies ist der Gipfel der menschlichen Armut in der völligen

Preisgabe unseres Seins und Handelns. Und es ist zugleich die Krönung des Reichtums und des christlichen Lebenssinns.

Ein Leben der Hingabe an Gott und die Brüder in Liebe. Ohne Kalkül und ohne Ängste, ohne Ansprüche und ohne Einschränkungen, ohne Bedingung und ohne Aufrechnung. Eine von Freude erfüllte voraussetzungslose Liebe, immer neu und lebendig, aufmerksam und behutsam, stark und einfühlsam.

Priesterliche Gemeinschaft

Miteinander Gemeinschaft haben ist ein Geschenk. Priesterliche Gemeinschaft ist nicht Ergebnis einer besonderen Begabung zu pastoraler Zusammenarbeit, und sie ergibt sich auch nicht aus einem ehrlichen Streben nach Freundschaft. Dies alles ist wichtig, und wir müssen uns immer darum bemühen. Aber die Gemeinschaft, von der wiederholt in der Apostelgeschichte und im Ersten Johannesbrief die Rede ist, das Miteinander, das geradezu ein Wesensmerkmal des frühen Christentums war, ist ein Geschenk Gottes. Eine solche Gemeinschaft ist eine neue Seinsweise, die von oben kommt. Sie ist Teilhabe am geheimnisvollen Miteinander der Dreifaltigkeit, an der Gott uns Anteil gibt. Sie ist Teilhabe an der Gemeinschaft Jesu mit seinen Jüngern, die er berufen hat, weil er sie bei sich haben wollte (vgl. Mk 3,14).

Dieses Geschenk beruht vor allem auf der Taufgnade. Es ist die Taufe, die bewirkt, daß wir in und mit der Kirche auf der ganzen Welt Gemeinschaft haben, mit dem Papst und seinen Brüdern im Bischofsamt, mit allen Getauften und mit allen, die von Gott gerufen werden. Gott läßt die Kirche an der Gemeinschaft seines dreifaltigen Lebens teilnehmen, und jeder einzelne macht in der Kirche die Erfahrung der Gemeinschaft.

Die brüderliche Gemeinschaft ist die Frucht der Vaterunser-Bitten „Dein Reich komme", „Gib uns heute das Brot, das wir brauchen", „Erlaß uns unsere Schulden, wie auch wir sie unseren Schuldnern erlassen".

Rat geben

Einen Rat zu geben ist keine Angelegenheit, die nur den Intellekt betrifft. Es ist ein Akt der Barmherzigkeit, der, getragen von der Liebe, die ungeheure Vielfalt der konkreten Situationen zu achten sich bemüht, in die Menschen geraten können.

Natürlich müssen wir am Anspruch des Evangeliums festhalten, aber gerade in diesem Anspruch ist es immer auch mitfühlend, ermutigend, gütig, bescheiden, menschlich, menschenfreundlich und geduldig.

Allerdings finden wir diese Art des Ratgebens nicht allzu oft in der Kirche. Im Gegenteil, wir kennen nur zu gut Formen des Rates oder auch der Entscheidung, die nicht die für die Menschenfreundlichkeit Jesu charakteristische Handschrift tragen. Jesus wußte sich mit Liebe der Situation anzupassen, er wußte den rechten Moment zu wählen.

Wenn der Rat in der Haltung der Barmherzigkeit gegeben wird, bleiben viele Pseudokonflikte erspart.

Wird der Rat in der Gemeinschaft gegeben, muß ein Gespür dafür vorhanden sein, daß ein Rat ein Geschenk ist. Und wenn er ein Geschenk ist, muß im Gebet darum gerungen werden, denn niemand kann davon ausgehen, daß er den richtigen Rat hat. Wenn der Rat ein Geschenk ist, müssen wir Abstand wahren, denn er kommt ja nicht aus uns, sondern er wird uns gegeben.

Der Rat darf nie zu einer Waffe werden, derer ich mich bediene, um andere an die Wand zu stellen. Er ist ein Geschenk im Dienst der Gemeinschaft. In ihm wird die Barmherzigkeit Gottes durch mich wirksam. Er schreitet gleichsam durch meine Vernunft hindurch – die Klugheit ist die Vernunft des Handelns –, aber er durchschreitet sie in einer liebevollen Bewegung, geleitet vom Heiligen Geist, der Einfühlung, Vertrauen und Liebe bewirkt.

Redlichkeit

Wenn wir uns ernsthaft auf die Zukunft einstellen wollen, ist intellektuelle Redlichkeit, die sich nicht mit gefühlsbetonten Vereinfachungen zufriedengibt, die wichtigste Tugend. Redlichkeit heißt den Dingen auf den Grund gehen. Die intellektuelle Redlichkeit muß alle anstehenden Probleme einbeziehen, sie muß zu einer Grundgestalt des Lebens, der Forschung, der Kultur werden.

Von dieser Redlichkeit, die alle Bereiche des Lebens durchdringen muß, sind wir ohne Zweifel noch weit entfernt.

Intellektuelle Redlichkeit ist dringend notwendig, wenn die Themen Krieg und Frieden oder Rüstung und Abrüstung erörtert werden. Sie ist notwendig, wenn es um Fragen des Gemeinwohls, der Entwicklung, der Arbeit, wenn es um Programme zum Abbau der Arbeitslosigkeit, um Arbeitsmoral oder den wirtschaftlichen Aufschwung geht.

Die Sprache der Politik – sowohl in den konkreten Vorschlägen wie in der Programmatik –, die Wissenschaft und die Verbreitung ihrer Erkenntnisse haben intellektuelle Redlichkeit nötig.

Intellektuelle Redlichkeit ist auch in der Sprache von Religion und Kirche notwendig. Allzu oft treffen wir auf gedankliche Kurzschlüsse, auf vorschnelle Schlußfolgerungen, mit denen unredlicherweise Behauptungen untermauert werden, um Zustimmung geworben wird oder eine bestimmte Meinung bevorzugt werden soll.

Ohne eine Erziehung zur intellektuellen Redlichkeit dürfen wir uns keine Hoffnung machen, daß wir in einer so komplexen Gesellschaft wie der unseren den Herausforderungen der Gegenwart gewachsen sind.

Damit kommt auch der Schule und dem allgemeinen Sprachgebrauch – in Verlautbarungen, im Journalismus, im Fernsehen – die wichtige Aufgabe zu, zum Respekt vor der Wahrheit und zu einem kritischen Denken zu erziehen. Wir müssen lernen, uns im Gebrauch der Worte, bis hin zu den Adjektiven und Adverbien, zu mäßigen und zu einer objektiven Beurteilung der Situation zu finden.

Reich Gottes

Das Reich Gottes ist „wie ein Senfkorn, das ein Mann in seinem Garten in die Erde steckte" (Lk 13, 18–19), und „es ist wie der Sauerteig, den eine Frau unter einen großen Trog Mehl mischte, bis das Ganze durchsäuert war" (Lk 13,20–21).

Diese Merkmale des Reiches Gottes treffen auch auf Jesus zu. Das dürfen seine Jünger und die Kirche, deren Aufgabe es ist, ihn zu bezeugen, nicht vergessen. Aus weltlicher Sicht war Jesus klein und unbedeutend, aus religiöser Sicht war er unrein und verachtet, und er wurde „in seiner Schwachheit gekreuzigt" (2 Kor 13,4). Wie ein Senfkorn wurde er – bei seinem Begräbnis – „in die Erde gesteckt", aber er hat die Erde wie ein Sauerteig „durchsäuert", er hat sie aufgebrochen und hat den großen Baum des Lebens wachsen lassen, der nun bis zum Himmel reicht.

Jesus verwirklicht das Reich Gottes in Solidarität und Mitleid mit uns, er nimmt mit uns unser Leid auf sich und offenbart damit sein Wesen und die Wahrheit Gottes: die Barmherzigkeit.

Ist das Reich Gottes schon gekommen? Die Frage bedeutet auch: Welchen Sinn hat die Geschichte, die die Wiederkehr des immer Gleichen zu sein scheint? Worin besteht das Heil, das dieser Welt im Elend angeboten wird?

Jesus antwortet. Und als erstes sagt er: „Jenen Tag und jene Stunde kennt niemand, nicht einmal der Sohn, sondern nur der Vater" (Mk 13,32). Das bedeutet, daß die Zeit des Kommens des Reiches Gottes ganz in der Hand dessen liegt, dem wir uns anvertrauen können, weil er unser Vater und der Herr der Schöpfung ist. Das Reich Gottes ist das Reich Gottes und nicht des Menschen! Das muß uns genügen, um uns von aller Angst und Furcht zu befreien.

Gott geht dieser Welt und ihrer Geschichte voraus. Er allein kennt sie von Anfang an. Er leitet ihren Lauf zum Vorteil aller seiner Söhne und Töchter, die er unendlich liebt. Wir müssen die Vorstellung eines bevorzugten Tages oder einer bevorzugten Stunde, zu der das Reich Gottes beginnt oder die Welt untergeht, aufgeben.

Die bevorzugte Stunde ist immer die gegenwärtige Stunde. Sie ist der Moment, in dem wir gerufen sind, als Söhne und Töchter Gottes und als Brüder und Schwestern zu leben. Wer von anderen Zeiten träumt, hebt die Verbindung von Glaube und Wirklichkeit auf.

Religionen

Die Religionen können einen großen Beitrag zum Frieden leisten. Wenn sie der ihnen eigentümlichen Erfahrung auf den Grund gehen, entdecken sie, daß sie auf Dialog

und Aufeinanderhören angelegt sind, daß sie die Brüderlichkeit unter den Menschen fördern und zur Überwindung
trennender Barrieren beitragen können.

Wie die Bibel in der Geschichte von Josef und seinen
Brüdern zeigt, gibt es dann, als Josef, den sie töten wollten,
den Söhnen Jakobs als Bruder begegnet und sie ihn als ihren
Bruder erkennen, keinen Raum mehr für Haß, sondern nur
noch für Reue und Vergebung. Wenn man sich wirklich
bewußt wird, daß man einen gemeinsamen Vater hat, sind
alle Voraussetzungen für eine brüderliche Umarmung gegeben.

In den Prozessen der Aussöhnung, die gegenwärtig in
den verschiedenen Teilen der Welt stattfinden, können und
müssen die großen Religionen einen wichtigen Beitrag leisten. Sie können Brücken bauen zwischen einzelnen Menschen und ganzen Völkern. Ihre Macht hat nichts zu tun
mit der Macht von Armeen oder Wirtschaftssystemen, sie
beruht vielmehr auf ihrer Machtlosigkeit.

Es ist eine Macht, die den Menschen von innen verwandelt und ihn dazu führt, Gott nachzuahmen, der gerecht
und barmherzig ist. Es handelt sich um eine Macht, die
nicht von Menschen ausgeht, sondern von oben kommt.

Gerade weil sie arm sind, verfügen die Religionen über
den Reichtum eines universalen Strebens. Weil sie schwach
sind, verbreiten sie nicht Angst und Furcht, sondern können zu allen von Angesicht zu Angesicht und mit Wohlwollen sprechen.

Ihre Macht beruht darauf, daß sie, solange sie ihrer ursprünglichen Berufung und ihren Stiftern treu sind, frei sind
von all den Interessen, die die menschlichen Gesellschaften
beherrschen. Ihre Macht stammt nicht vom Menschen,
sondern von Gott.

Die von den Menschen bewohnte Erde ist eine Welt voll
Leid, Ungerechtigkeit und Gewalttätigkeit. Sie ist ein um-

kämpfter Raum, und im Zusammenleben gibt es große Schwierigkeiten politischer, ethnischer und religiöser Natur. Sie ist ein Planet, der daran geht, sich selbst zu zerstören, der durch Vergeudung der natürlichen Ressourcen und Umweltverschmutzung immer stärker aus dem Gleichgewicht gerät. Die von den Menschen bewohnte Erde ist schwer belastet, und der Blick auf den Himmel ist wie verschleiert.

Aber von dieser wie in einen Nebel eingehüllten Erde steigen die Gebete zu Gott auf, und es fällt auf sie ein Lichtstrahl aus der Höhe.

Die Religionen sind solche Lichtstrahlen. Die Religionen läutern die Erde, machen sie wieder leicht, angenehm und lebbar. Sie glätten die Falten, die Angst, Neurose und Trauer in das Gesicht graben, und geben Kraft, in die Höhe zu blicken und zu hoffen.

Ritus

Die Haltungen, die der Mensch Gott gegenüber einnimmt, müssen immer wieder neu aus der Freiheit des Menschen erwachsen. Andererseits dürfen sie aber nicht der Improvisation des Augenblicks überlassen bleiben oder ganz von der Spontaneität abhängig gemacht werden.

Hier treten hilfreich die religiösen Traditionen ein, die jede Kultur auf ihre Weise bildet. Dazu gehört die Feier des Geheimnisses, die auch die Dimension der Leibhaftigkeit einschließt, und es gehören die Riten dazu, die auf unterschiedliche Weise den verschiedenen Empfindungen einen kulturell geprägten Ausdruck verleihen. Das alles gibt den religiösen Ausdrucksformen, in denen der Mensch den Sinn seiner ganzen Existenz aussagt, Gehalt und Beständigkeit.

Der Ritus gibt den religiösen Gesten und Handlungen ihre Form. Diese wiederum sind besondere Ausdrucksgestalten jener allgemeinen Haltung des Menschen, in denen er das Geheimnis Gottes feiert, das seine ganze Existenz ausmacht. Leider können diese Verbindungen und Zusammenhänge wieder auseinanderfallen. Der Ritus kann zu einem rein formalen Ritualismus werden, in dem dann religiöse Handlungen vollzogen werden, die nichts mehr mit dem Leben zu tun haben und die religiöse Dimension des Lebens nicht mehr auszudrücken vermögen.

Allerdings sollte diese Gefahr nicht die Dimension des Ritus und der Feier, die zum Menschen gehört, insgesamt in Mißkredit bringen.

Wenn sie in echten Formen Ausdruck findet, ist diese Dimension ein fundamentaler Aspekt unseres Seins. Jene beständige innere Öffnung und Ausrichtung auf das Geheimnis, das in der Tiefe der Person gegenwärtig ist und die Beziehungen des Menschen zu den Mitmenschen und zur Welt beseelt, erhält so greifbare Beständigkeit und geschichtliche Relevanz.

Sammlung

Wenn du Gott begegnen willst, „geh in deine Kammer, und schließ die Tür zu; dann bete zu deinem Vater, der im Verborgenen ist. Dein Vater, der auch das Verborgene sieht, wird es dir vergelten" (Mt 6,6).

Mit diesen sehr einfachen Worten lehrt Jesus uns eine Methode: das Geheimnis der Sammlung und der Andacht.

Immer wieder machen wir die Erfahrung, daß für das wahre Gebet ein bestimmtes Klima notwendig ist. Wir müssen uns in ein Zimmer zurückziehen, uns absondern, das Sprechen mit anderen und das Hören auf andere einstellen. Mit einem Wort gesagt: Wir müssen uns sammeln.

Dieser Ausdruck hat eine tiefe psychologische Bedeutung, insofern er anklingen läßt, daß unsere Kräfte oft zerstreut sind. Wir sprechen, hören zu und antworten wieder, wir bewegen uns hierhin und dorthin und verzetteln und zerstreuen uns in tausend Dinge.

Die östliche Spiritualität hat, auch außerhalb des Christentums, das Thema der Sammlung immer wieder erörtert. Das Bild, das der Osten dafür gerne verwendet, ist das Bild des Tigers oder Panthers, der, bevor er sich auf die Beute stürzt, sich auf sich selbst zurückzieht, um größtmögliche Kraft zu sammeln.

Um Gott zu begegnen, ist es nötig, unsere Kräfte in unserem Innern zu sammeln und uns zu konzentrieren und uns sozusagen vom Äußeren loszulösen.

Kon-zentration besagt in der Tat, ein einziges Zentrum haben. Wenn es uns gelingt, uns so vor den Herrn zu stellen, dann strömt von uns eine unglaubliche Kraft aus. Wir gewinnen den Eindruck, ein ganz neuer Mensch zu sein. Wir fühlen uns wie verwandelt, und in selten erlebter Klarheit und Deutlichkeit verstehen wir jetzt die Frage: „Wer bin ich?"

Sanftmut

Was hat es mit der Haltung der Sanftmut auf sich? Das Neue Testament spricht mit Eindringlichkeit davon, während wir, so zumindest der erste Eindruck, sie heute für wenig populär und aktuell halten. Vielleicht ist sie uns auch mehr in der Form der Gewaltlosigkeit bekannt, und tatsächlich kann die Stelle Matthäus 5,5 auch so übersetzt werden: „Freuen dürfen sich alle, die keine Gewalt anwenden; denn Gott wird ihnen die Erde zum Besitz geben."

In der Bedeutung von „Sanftmut" und „Milde" steht dieses Wort in unserer Zeit allerdings nicht hoch im Kurs. Es wird oft verwechselt mit Schwäche, vorschnellem Nachgeben, also einer nur verneinenden oder passiven Tugend, die für den moralischen Kampf des Menschen in einer so harten und schwierigen Gesellschaft wie der unseren wenig geeignet scheint.

Manchmal wird sie auch verwechselt mit einer heiteren und friedfertigen Stimmung, mit Gleichmut oder mit der Festigkeit eines Menschen, der sich dauernd kontrolliert, und sei es nur aus Berechnung oder aus politischem Kalkül.

Die Sanftmut Christi und der Heiligen ist jedoch, ganz im Gegenteil, die dem Menschen angemessene Haltung der Achtung angesichts der Sphäre des Geistes. Sie ist die Fähigkeit, die Sphäre der Materie, in der die Gewalt herrscht, von der Sphäre des Geistes, in der Überzeugung und Wahrheit wirken, zu unterscheiden.

Sanftmut ist die Fähigkeit zu erkennen, daß in den zwischenmenschlichen Beziehungen, die das Eigentliche der menschlichen Existenz ausmachen, kein Raum ist für Zwang und Gewalt, sondern daß hier der leidenschaftliche Impuls der Überzeugung und die Wärme der Liebe wirksam werden müssen.

Sanftmut ist die Bereitschaft, an die den Menschen verwandelnde Kraft der Freundschaft zu glauben.

Sanftmütig im Sinn des Evangeliums ist ein Mensch, der – trotz heftiger Gefühle – flexibel, nicht besitzergreifend, innerlich frei bleibt und stets die höchste Achtung vor dem Geheimnis der Freiheit des anderen wahrt. Darin ahmt er Gott nach, der alles in größter Achtung für den Menschen wirkt und ihn zu Gehorsam und Liebe bewegt, ohne je Gewalt auf ihn auszuüben.

Schöpfung

Die Schöpfungserzählung im ersten Kapitel der Genesis berichtet, wie Himmel und Erde und alles, was sich darin befindet, seinen Ursprung in Gott hat. Es ist eine Erzählung in Bildern, die die Schöpfung in der idealen Abfolge der Tage einer Woche schildert. Der Text erklärt, daß alles, was existiert, von Gott kommt, daß nichts Gott gleich ist und daß alles ihm unterworfen ist. Und er bringt auch zum Ausdruck, was von Anfang an die große Intention Gottes war: die Welt und alles in ihr nicht nur zu schaffen, sondern auch mit dem Menschen einen ewigen und endgültigen Bund zu schließen, durch den Gott und Mensch eins werden sollen. Es ist dieser Bund, der in der Auferstehung Jesu endgültig bekräftigt wird. In der Auferstehung werden Menschheit und Gottheit für immer in der ewigen Herrlichkeit vereint, denn in der Menschheit Jesu sind alle Menschen berufen, am Leben der Gottheit teilzunehmen.

Die Erzählung in der Genesis bringt zum Ausdruck, daß der Bund Gottes vom ersten Augenblick an, in dem die Welt und der Mensch erschaffen wurden, begonnen hat. Die ganze Schöpfung ist ein Werk des Gottes des Bundes. Daß der Mensch nach dem Bild und Gleichnis Gottes geschaffen wurde, besagt, daß er befähigt ist, mit Gott in ein Gespräch zu treten, Partner des Bundes zu sein.

Das Neue Testament hat die erste Seite der Genesis im Licht des neuen und ewigen Bundes neu gelesen und hat sie immer wieder in Erinnerung gerufen. Johannes zum Beispiel sagt uns, daß alles durch das Wort geschaffen wurde, daß das Wort das Leben und das Licht der Welt ist. Der fundamentale Bezugspunkt der Schöpfung ist das Wort, das Fleisch geworden ist, Jesus. „Alles ist durch das Wort geworden, und ohne das Wort wurde nichts, was geworden ist" (Joh 1,3). Alles hat Sinn und Bedeutung allein in ihm.

Schriftlesung

Das Lesen der Heiligen Schrift als Wort Gottes (lectio divina), allein oder in einer Gemeinschaft, ist eines der wirksamsten Mittel für jeden Gläubigen, sich auf das Hören des Wortes Gottes in der Liturgie vorzubereiten und seine Wirkung zu vertiefen.

Lectio divina heißt einen bestimmten Abschnitt der Bibel in der Absicht zu lesen, daß die Lektüre zum Gebet wird und das Leben umwandelt.

Man kann nach zwei Methoden vorgehen.

Die erste, klassische Methode geht vom Text aus und führt über mehrere Stadien zur Umwandlung des Herzens und des Lebens. Diese Stadien sind im einzelnen: Lektüre – Meditation/Betrachtung – Gebet – Beschauung/Kontemplation (Anwendung in der Lebensbetrachtung).

Die zweite Methode geht von den Gegebenheiten des Lebens aus und versucht deren Bedeutung und Botschaft im Licht des Wortes Gottes zu verstehen. Worum es dabei geht, kann mit zwei Fragen ausgedrückt werden: Wie offenbart sich die Gegenwart Gottes in dieser bestimmten Gegebenheit? Welche Einladung richtet der Herr durch sie an mich? Die Authentizität der Antworten wird überprüft durch den Bezug auf Beispiele oder Worte Jesu in den Evangelien oder auf andere Situationen oder Worte der Schrift. Eine Variante ist der Dreischritt „Sehen – urteilen – handeln". Urteilen heißt: den Sachverhalt im Licht des Wortes Gottes sehen, während das Handeln an den Forderungen des Evangeliums gemessen wird.

Die erste Methode eignet sich besser für die persönliche Schriftlesung, während die zweite Methode gerne in Gruppen (etwa bei Einkehrtagen) eingesetzt wird. Die beiden Methoden können auch verbunden werden, sie ergänzen sich und können mögliche Einseitigkeiten korrigieren.

Schweigen

Wenn im Anfang das Wort war und mit dem Wort Gottes, das zu uns gekommen ist, unsere Erlösung Wirklichkeit geworden ist, dann ist damit klar, daß am Beginn der persönlichen Geschichte des Heils von unserer Seite aus das Schweigen stehen muß: ein Schweigen, das hört, aufnimmt und sich beseelen läßt. Gewiß müssen wir auf das Wort, das sich offenbart, mit Worten der Dankbarkeit, der Anbetung und der Anrufung antworten. Aber am Anfang steht das Schweigen.

Wie die Geschichte von Zacharias, dem Vater Johannes des Täufers zeigt, besteht das zweite Wunder des Wortes Gottes darin, den Stummen die Sprache wiederzugeben, das heißt, die Zunge des auf sich selbst zurückgeworfenen irdisch gesinnten Menschen im Lobgesang der Machttaten des Herrn zu lösen. Das erste Wunder jedoch besteht darin, den geschwätzigen und zerstreuten Menschen stumm werden zu lassen (vgl. Lk 1,20.64).

Wir können sogar sagen: Die Übung des Schweigens kennzeichnet den wahrhaft Gläubigen und hebt ihn von der Welt des Unglaubens ab. Denn wenn ein Mensch den lebendigen Gott, der alles erfüllt, aus seinen Gedanken ausschließt, dann kann er das Schweigen nicht ertragen. Für ihn, der am Rande des Nichts zu wohnen glaubt, ist das Schweigen der erschreckende Hinweis auf die Leere. Der „neue" Mensch aber – der im Glauben mehr sieht als das Vorhandene und dessen Herz durch die Liebe befähigt wird, das Unsichtbare zu sehen – weiß, daß es die Leere nicht gibt und daß das Nichts auf ewig von der Unendlichkeit Gottes besiegt ist. Er weiß, daß das Universum von geschaffenen Wesen bevölkert wird, die voll Freude sind. Er weiß, daß er schon teilhat am kosmischen Jubel, der wie ein Echo das Licht, die Liebe und die Glückseligkeit des unausschöpflichen Geheimnisses des dreifaltigen Gottes aufnimmt und zurückgibt.

Der neue Mensch folgt auch hierin Jesus nach, der bei Tagesanbruch die Stadt verließ und an einen einsamen Ort ging (Lk 4,42) oder sich allein auf den Berg zurückzog (Joh 6,15). Er braucht einen Ort für sich allein, geschützt vor dem Lärm der Welt, wo es ihm möglich ist, hinzuhören und etwas vom Fest der Ewigkeit und der Stimme des Vaters wahrzunehmen.

Seligpreisungen

Die Seligpreisungen zeichnen das Ideal des Jüngers: arm vor Gott, trauernd, sanftmütig, hungernd nach Gerechtigkeit. Noch wichtiger ist jedoch, daß sie uns die Gestalt des historischen Jesus zeigen, der gelehrt hat, wie man sich konkret an den Vater wendet und wie man mit den Brüdern und Schwestern umgeht. Nur wenn wir auf Jesus blicken, offenbaren die Seligpreisungen ihre wahre Bedeutung. Nur so läßt sich der Anschein des Paradoxen auflösen, daß ihre Verwirklichung unmöglich erscheint, daß sie zu einer anderen Welt gehören und für uns unerreichbar sind. Was unmöglich ist für uns, ist möglich für Gott. Es ist deshalb auch möglich für die Getauften, Männer und Frauen, die zur Heiligkeit berufen sind.

Im Grunde genommen leiten die Seligpreisungen zu einer einzigen grundlegenden Haltung an: zur Anerkennung des Vorrangs Gottes in unserem gesamten Leben. Die Anerkennung des Vorrangs des Vaters führt zur Erkenntnis der Notwendigkeit, sich ihm ganz anzuvertrauen. Wer im Geist der Seligpreisungen lebt, betet: „Vater, alles liegt in deinen Händen, ich übergebe dir alles, ich erwarte und erhoffe alles von dir."

Die Seligpreisungen geben also die Haltung des Menschen wieder, der wie Jesus sich vollkommen dem Vater anvertraut und deshalb selig und glücklich ist, weil ihm nichts mangelt. Und wenn er durch Anfechtung oder Verfolgung schreitet, weiß er, daß der Vater für ihn einen überraschenden Schatz und eine unaussprechliche Freude vorbereitet. Er erlebt in sich schon die Vorfreude und erfährt sich so schon als wirklich, echt und erfüllt.

Die Heiligkeit des christlichen Lebens, wie sie im Bild der Seligpreisungen beschrieben wird, besteht darin, daß der Christ die Taufe aus der Liebe des Vaters, in der Nachfolge und in der Gnade des Sohnes und in der Kraft des Heiligen Geistes lebt. Dazu sind wir jeden Morgen, wenn wir erwachen, aufgerufen. Dazu sind wir jeden Augenblick des Tages gerufen. Dieser Ruf ergeht als Gnade und Liebe des Vaters im Traum der Nacht an uns und behütet uns als liebevolle Umarmung, bis wir morgens wieder erwachen. So dürfen wir uns das Leben der Heiligen vorstellen, dies ist das Ideal des Lebens der Christen.

Solidarität

Solidarität, so könnten wir in einem ersten Definitionsversuch sagen, ist die Bereitschaft, den anderen, auch wenn er mir fremd ist und gar nicht nahe erscheint, als den anderen, der mich angeht, anzuerkennen. So verstanden ist Solidarität eine besondere Ausdrucksform der Nächstenliebe. Sie ist die Gestalt, die die Nächstenliebe annimmt, wenn sie im Rahmen einer Beziehung gelebt wird, die von der alltäglichen gegenseitigen Abhängigkeit unter den Menschen bestimmt wird.

In einem solchen Zusammenhang hängt die Situation des anderen von meinem Verhalten und meine Situation von seinem Verhalten ab, ganz abgesehen von unseren Intentionen. Mit Bezug auf eine solche Situation wird die Solidarität zum Auftrag, die objektiv vorhandene, fast mechanisch ablaufende gegenseitige Abhängigkeit in menschliche Nähe umzuwanden. Anders gesagt: Die Solidarität erkennt in der faktischen Notwendigkeit, Beziehungen zum anderen zu unterhalten und auf sein Verhalten zu reagieren, das Zeichen einer ursprünglichen Brüderlichkeit unter den Menschen.

Die Beziehungen faktischer Abhängigkeit zwischen den einzelnen und den verschiedenen Gruppen von Menschen werden heute immer dichter und verwickelter. Daß das Netz der sozialen Beziehungen immer enger geknüpft wird, läßt die Solidarität zu einer immer dringlicher erforderten Haltung werden.

Spiritualität

Was bedeutet eigentlich Spiritualität? Bei der Antwort auf diese Frage lasse ich mich von einer Stelle aus dem Brief des Apostels Paulus an die Römer leiten, wo er vom „Leben aus dem Geist" spricht (vgl. Röm 12,9–21).

In einer ersten Annäherung kann man unter „Geist" die Selbstüberschreitung des Menschen, den Wunsch nach Authentizität verstehen. Er ist das in uns, was uns nach vorne treibt. Ein „Leben aus dem Geist" ist dann ein Leben, das – entsprechend den Umständen – dem Impuls folgt, die Dinge in ihrer Gegebenheit wahrzunehmen und sie verstehen zu wollen. Es gibt der Phantasie, der Vernunft und der Kreativität Raum, aber ebenso der heilsamen Unruhe, dem moralischen Anspruch, dem politischen oder künstlerischen Engagement, der leidenschaftlichen Liebe und dem mystischen Aufbruch.

Wir könnten sagen, daß Spiritualität die Befolgung von vier wesentlichen Aufforderungen voraussetzt:

Sei aufmerksam, sei klug, sei verantwortlich, sei fähig, dich ins Spiel zu bringen, so weit es dir gut und richtig erscheint.

Ohne diesen vierfachen Weg gewinnt man nicht die Kraft der Authentizität, gibt es keine Spiritualität. Es gibt dann Ersatzformen, die oft das Gegenteil von Spiritualität sind.

Wo aber dieser vierfache Weg gegangen wird, dort blühen die verschiedenen Bereiche der menschlichen Spiritualität auf: in der Kultur, in der Gesellschaft, in der Kunst, im Religiösen.

Was ist dann *christliche* Spiritualität?

Die angeführte Definition bleibt gültig: Spiritualität ist „Leben aus dem Geist". Mit Geist ist dann aber nicht mehr – wie oben – der Geist im allgemeinen Sinn gemeint, es geht um einen ganz bestimmten, konkreten Geist, es geht jetzt um den Geist Jesu Christi.

„Leben aus dem Geist" heißt für den Christen, sich von dem Geist bewegen, erleuchten und führen lassen, der Jesus Christus bewegt, erleuchtet und geführt hat.

Der hauptsächliche und wesentliche Bezugspunkt für die christliche Spiritualität ist daher Christus, wie er uns in den vier Evangelien (zum Beispiel in den Seligpreisungen, in den Gleichnissen) gegenübertritt.

Weitere Bezugspunkte sind die Gestalten der Geschichte, die Heiligen, von denen man sagen könnte, sie würden im Laufe der Jahrhunderte ein „fünftes Evangelium" darstellen. Damit ist gemeint, daß sie in ihrer jeweiligen Zeit ein authentisches „Leben aus dem Geist" geführt haben, daß sie die Spiritualität gelebt haben, die in Christus Jesus war.

Stadt

Kann man sagen, die Stadt ist – als Stadt – ein Ort des Heils? Wir können die Frage auch so stellen: Richtet sich die Botschaft des Propheten Jona an Ninive oder an die Einwohner Ninives?

Im Buch Jona jedenfalls sind die Begriffe austauschbar. Es heißt dort: „Mach dich auf den Weg, und geh nach Ninive, in die große Stadt, und droh ihr das Strafgericht an!" (Jona 1,2); „Jona machte sich auf den Weg und ging nach Ninive ... Und die Leute von Ninive glaubten an Gott" (3,3–5); „Mir sollte es nicht leid sein um Ninive, die große Stadt, in der mehr als 120 000 Menschen leben?" (4,11).

Danach hat also auch die „große Stadt" theologische Bedeutung, die Bibel sieht in ihr eine einheitliche Wirklichkeit vor Gott. „Die Städte haben ein eigenes Leben und ein eigenes, autonomes und geheimnisvolles Sein. Sie haben ihr eigenes charakteristisches Antlitz, sie haben sozusagen eine eigene Seele und ein eigenes Schicksal" (Giorgio La Pira).

Wir sollten in der Tat nicht vergessen, daß die Stadt entstanden ist, um die Menschen stärker miteinander zu verbinden, um einen besseren Austausch zwischen ihnen zu ermöglichen, um ihre Fähigkeiten miteinander zu verflechten und eine schnellere und bessere Versorgung der Bedürfnisse des Alltags zu bewerkstelligen. Die Stadt ist also ein menschliches Gebilde, eine vernünftige Organisationsstruktur, die dem Gemeinwohl dienen soll. Und damit ist sie eine moralische Größe, die vom Evangelium Erleuchtung erfahren kann, die von der Gnade getragen und von der Hoffnung auf das Kommen des Reiches Gottes beseelt werden kann und muß.

Sterbehilfe

Manchmal hat man den Eindruck, das höchste Bestreben des Menschen angesichts des Todes bestehe darin, sowohl für sich wie für den anderen jedes Leid zu vermeiden. Das hat dann meist zur Folge, daß das humanitäre Bemühen um den Sterbenden einzig und allein zum Ziel hat, das körperliche oder seelische Leid zu lindern. Wenn man sich eine solche Haltung zu eigen macht, gelangt man sehr schnell dahin, auch die Euthanasie – verstanden als die gezielte Herbeiführung und Beschleunigung des Todes – zu rechtfertigen, um dem Kranken und uns selbst sonst unvermeidliches Leiden zu ersparen.

So gesehen ist die Euthanasie das Symptom der Sünde gegen die Hoffnung. Es gibt kein Maß für die Leidensfähigkeit des Menschen außer der Hoffnung, die ihn trägt. Während es also angesichts der äußersten Erfahrung des Lebens darum gehen müßte, die Hoffnung zu stärken, bemühen wir uns allein darum, das Leiden zu lindern.

Die Aufgabe, angesichts des Todes einfache Worte zu finden, scheint für viele Zeitgenossen nur schwer oder überhaupt nicht möglich zu sein. Vielleicht hängt das mit unserer schlechten Gewohnheit zusammen, daß alles schnell gehen muß oder daß um alles große Worte gemacht werden.

Es ist schwer geworden, Worte auszusprechen und Gesten zu vollziehen, die nicht unmittelbar im Gesicht oder in der Antwort unserer Gesprächspartner ein meßbares Resultat zeitigen. Und doch können Worte und Gesten, die Ausdruck von Gesinnung und Sinn sein sollen – erst recht, wenn es um den Sinn des Todes geht –, nur Worte und Gesten der Geduld sein, die wie Samen in die Erde gesteckt werden: nicht in Bitterkeit, sondern im Bewußtsein, daß sie erst später Frucht tragen werden.

Stundengebet

Das Stundengebet ist unsere Antwort auf das Wort Gottes an uns, und das Wort, mit dem wir antworten, gibt er selbst uns ein. Die ganze Schöpfung – sie hat ihr Haupt im gekreuzigten und auferstandenen Jesus und ihren Körper in allen, die mit ihm lebendig verbunden sind – antwortet ihrem Schöpfer, wobei sie ihr Lob und ihre Anrufung gewissermaßen dem Atem des Universums angleicht, dem Rhythmus der Zeit und dem ewigen und immer neuen Wechsel des Lichtes.

Alles Sein verbindet sich mit diesem kosmischen Gebet, das vor allem an den beiden Wendepunkten des Sonnenuntergangs und des ersten Morgens zu Gott emporsteigt. Und wenn wir die Psalmen beten, so legt das Wort Gottes selbst uns unsere Antwort auf die Lippen. Sie sind – wie die ganze Bibel – unter göttlicher Eingebung verfaßt, und doch sind sie zugleich ein wahrhaftes und stürmisches Gebet des Menschen. Auf diese Weise bewahrheitet sich, was der hl. Paulus den Römern schreibt: „So nimmt sich auch der Geist unserer Schwachheit an. Denn wir wissen nicht, worum wir in rechter Weise beten sollen; der Geist selbst tritt jedoch für uns ein mit Seufzen, das wir nicht in Worte fassen können" (Röm 8,26). Der Heilige Geist also, der durch die Propheten gesprochen hat, ist der Hauptautor der Psalmen, er betet mit unserer Stimme und sichert die Annahme des Gebets durch den Vater. Auch Jesus selbst hat während seines irdischen Lebens mit Hilfe der Psalmen gebetet, und er betet sie jetzt mit uns. Die Jungfrau Maria hat mit den Worten der Psalmen gebetet, und ebenso alle christlichen Generationen. Die Schwierigkeiten, die sich für den heutigen Menschen im Verständnis der Psalmen auftun können, sind leicht zu überwinden. Wir brauchen uns nur an die Auslegungsregeln der Kirchenväter, wie sie insbesondere der hl. Ambrosius und der hl. Augustinus gelehrt haben, zu erinnern und sie im Glauben annehmen. Danach sprechen alle Psalmen in ihrem tieferen und vollen Sinn von Christus (der sein Leiden auf sich nimmt und in der Auferstehung aus dem Tod errettet und vom Vater verherrlicht wird) oder von der Kirche (die auf ihrem irdischen Pilgerweg unterwegs ist zur Freude des Reiches Gottes) oder auch vom erlösten Menschen (der oft bedrängt und verfolgt wird, aber insgesamt in froher Erwartung der ewigen Freude lebt). Oder es spricht in ihnen Christus, die Kirche oder der Christ.

Suchen

Die Erzählung von der Huldigung der Sterndeuter im Matthäusevangelium (2,1–12) beschreibt in eindrucksvollen Bildern den mühevollen Weg des Menschen und der Völker auf der Suche nach der Wahrheit und nach der Mitte ihrer Einheit. Es ist eine mühevolle Reise, die in der Erkenntnis des Messiaskönigs, in der Anbetung und im Opfer des Kostbarsten, was man hat, zu ihrem Ziel kommt. In der Wanderung der Sterndeuter kann jeder sich selbst wiedererkennen, mit seinen Dunkelheiten und mit seinen Momenten des Lichts.

In den Zeichen der Geschichte – und vor allem in den von Jesus gesetzten Zeichen – das Antlitz Gottes zu suchen, ist auch heute eine für jeden Menschen würdige und mögliche Berufung. Die Mittel stehen für jeden Menschen bereit.

Nicht einmal Herodes entzieht sich der anfänglichen Suche. Er fragt die Priester und Schriftgelehrten und veranlaßt sie, die Heilige Schrift zu lesen. Unsere abendländische Kultur hat diese Schätze der Bibel zum Erbe erhalten. Wenn gerade wir das Studium der heiligen Texte für nebensächlich oder leicht entbehrlich hielten, würden wir die tiefste Sehnsucht des menschlichen Herzens, die Frage und Suche nach der Wahrheit, nicht mehr verstehen.

In der Erzählung des Matthäusevangeliums werden die wesentlichen Schritte dieser Suche genannt. Fragen, sich erkundigen, lesen und hören lauten die Etappen der spirituellen und religiösen Suche. Sie erfordert heute nicht mehr – wie damals für die Sterndeuter – lange und abenteuerliche Wanderungen, sondern einen kleinen Sieg über die eigene Bequemlichkeit und ein bißchen Mühe des Fragens und Nachdenkens.

Symbol

Es ist eine Erfahrung, die wir oft machen: Worte allein genügen nicht, um den ganzen Reichtum unserer Empfindungen auszudrücken. Wir greifen daher auf Gesten zurück, auf Zeichen, auf Symbole, die uns helfen sollen, das mitzuteilen, was Worte nicht auszudrücken vermögen.

Diese Mitteilungsabsicht, die sich nicht nur in Worten, sondern auch in Symbolen ausdrückt – die Möglichkeit einer Kommunikation also, die mehr sagt als Worte –, steht zum Beispiel hinter jedem Geschenk. Alle Symbole sagen mehr, teilen über die unmittelbar greifbare Bedeutung hinaus weitere kommunikative Werte mit. Die Möglichkeit der symbolischen Kommunikation ist ein großer Reichtum, auf den die Menschen immer zurückgegriffen haben.

Bedeutsam ist, daß vor allem die entscheidenden Ereignisse des Lebens in den unterschiedlichsten Kulturen von symbolischen Worten und Gesten begleitet werden: Geburt, Tod, Wahl des Lebensstandes, Essen, Wohnen. Alle diese Ereignisse und Orte haben über ihre unmittelbare Bedeutung für das Leben hinaus einen symbolischen Wert, ohne den unsere irdische Existenz wahrlich bedeutungslos wäre. Hier liegt auch der Ansatzpunkt für die Kunst, insbesondere für die religiöse Kunst. Ihre Aufgabe ist es gerade, diese symbolischen Dimensionen des Lebens auszulegen, vorzustellen, zum Schwingen zu bringen, zu vertiefen.

Menschliche Kommunikation kommt deshalb nicht ohne Symbole aus. Aber auch die Erfahrung des Glaubens kommt ohne diese besondere Form der Kommunikation nicht aus. Es gibt übrigens keine religiöse Tradition, die nicht darauf zurückgreifen würde.

Ziehen wir noch einen weiteren Aspekt bei, ein alles durchdringendes Thema wie die Zeit. Ist es überhaupt denkbar, sie auf ihre quantitative Dimension zu reduzieren, auf den unerbittlichen Ablauf von Stunden, Tagen, Wochen, Jahren? Darum hat die Kirche mit dem Kirchenjahr auch ihren eigenen Kalender, der sich nicht an den immer gleichen Rhythmen der Jahreszeiten orientiert, sondern an einer Geschichte, an einem Weg, der zu einem Ziel führt (und nicht nur ein Ende hat). Wäre die Zeit ohne diese symbolische Verdichtung im Grunde nicht eine unerträgliche Verdammung?

Talent

Der Ausdruck „Talent" bezeichnet in der psychologischen und pädagogischen Literatur die angeborenen natürlichen Gaben, die zu entwickeln sind. Im sozialen und ökonomischen Bereich bezieht er sich meist auf die Ressourcen, über die man verfügt und die ausgebeutet werden.

Im Gleichnis vom anvertrauten Geld (Mt 25,14–30) ist das Talent weder eine natürliche Gabe noch eine Ressource oder ein persönlicher Besitz, sondern eine empfangene Gabe, für die Verantwortung eingefordert wird.

Die Tatsache, daß es sich um „Gaben", nicht um einen Besitz handelt, hat zur Folge, daß die Empfänger bescheiden und gewissenhaft sind und daß keiner sich gegenüber den anderen für überlegen hält. Auch wenn das Gleichnis diesen Aspekt nicht ausdrücklich hervorhebt, kann man hierin dennoch einen Ansatz für Solidarität sehen.

Die Talente werden nicht mechanisch und egalitär verteilt. Der eine erhält fünf Talente Silbergeld, der andere zwei, der dritte ein Talent. Die offensichtliche Ungleichheit ist tatsächlich jedoch eine Verhältnismäßigkeit, die die Möglichkeiten des einzelnen beachtet und jedem die Chance gibt, freudig den Erwartungen zu entsprechen, die an ihn gerichtet werden.

Wir stehen also vor einer wirklichen Ungleichheit, die aber für jeden Menschen, seiner Berufung entsprechend, das Beste will und ihm die beste Entwicklung ermöglicht. Es ist eine weise Ungleichheit der Verhältnismäßigkeit.

Seltsam erscheint in dem Gleichnis auch das Mißverhältnis von anvertrauten Talenten und Resultat, die fehlende Verhältnismäßigkeit von eingesetzten Kräften und schließlichem Ergebnis. Viel – sehr, sehr viel – wird dem gegeben, der im Kleinen treu war. Die Teilnahme an der Freude des Herrn ist ein gewaltiger und unvorhersehbarer qualitativer Sprung. Das ist nicht eine Gunst, eine Belohnung, eine Prämie, die in Empfang genommen wird, es ist die ganze Person betroffen.

Auch hinsichtlich des Resultats – der eine hat insgesamt zehn Talente eingebracht, der andere vier – gibt es keine Verhältnismäßigkeit: Für beide gibt es den qualitativen Sprung, das Eintreten in die Freude des Herrn.

Das Ergebnis des Wirtschaftens mit den Talenten ist kein quantitativer Gewinn, sondern die Entwicklung und Entfaltung der gesamten Person, die so unverhofft die volle und überreiche Erfüllung findet.

Taufe

Die Taufe bedeutet für jeden von uns die Umarmung des Vaters, sie ist wirksames Zeichen der lebendigen Beziehung, die der Vater, der Sohn und der Heilige Geist mit uns geknüpft haben. Sie gibt uns ein neues Herz, sie verleiht uns – wie Jesus – den kindlichen Gehorsam gegenüber dem Plan der Liebe Gottes mit uns.

Die Taufe ist für uns weiter der Eintritt in die große Familie der Kirche. Sie befähigt uns zur Feier der Eucharistie, zum Hören und Bezeugen des Wortes Jesu. Sie setzt uns instand, die brüderliche Liebe zu leben und unsere Begabungen in den Dienst aller zu stellen.

Die Taufe macht uns schließlich zu einem Zeichen der Hoffnung für die ganze Menschheit.

Wir werden durch sie zu neuen Menschen, frei von Sünde und bereit, uns in das Zusammenleben der Menschen einzubringen, nicht mit dem aggressiven Egoismus, der alles nur auf sich selbst bezieht, sondern mit der standhaften Verfügbarkeit dessen, der sich von Christus angezogen weiß und bereit ist zu helfen, mitzuarbeiten, zu dienen, zu lieben.

Die Meditation über unsere Taufe ist immer zutiefst tröstlich.

In dieser Meditation hellt sich unser Blick auf die Welt auf. Auch wenn die Probleme, die vor uns liegen, gewaltig sind, die Taufe erfüllt mit Zuversicht, solange sie in uns lebendig bleibt und solange durch sie der Kirche immer wieder neue Söhne und Töchter zugeführt werden. Denn in den Getauften fährt Christus beständig fort, das Böse, das es in der Welt gibt, mit der Liebe zu besiegen.

Teufel

Das Wort Teufel ist abgeleitet von „Diabolus", das ist der, der durcheinanderwirft, entzweit, trennt, verfeindet; von da geht der Ausdruck in die Bedeutung Ankläger, Verleumder, Lästerer über. Die Bibel verwendet den Begriff zur Bezeichnung des Gegners des Reiches Gottes, beginnend mit dem ersten Widersacher. Gemeint ist damit alles, was als Feind der Wahrheit und des Menschen auftritt.

Der Widersacher zeigt seine Feindschaft dadurch, daß er mit falschen Anklagen und Verleumdungen Zwietracht sät. Wenn wir sehen, wieviel Zwietracht in der menschlichen Gesellschaft und in der christlichen Gemeinde herrscht, wird uns klar, daß er mittels Anklagen, Verleumdungen, Mißdeutungen, aufgeblasenen Mißverständnissen ständig am Werk ist. Denken wir an die vielen Mißstimmungen und an die Streitigkeiten in unseren Gemeinden! Der Schaden, der dadurch angerichtet wird, stärkt nur die Position des Widersachers Gottes.

Aber auch im persönlichen Bereich, in der Lebensgeschichte jedes einzelnen von uns, können wir feststellen, daß alles, was im Innern des Menschen Zwietracht schafft, dem Reich Gottes feindlich gegenübersteht. Dazu gehört alles, was uns innerlich entzweit: falsche Selbstanklagen, Gewissensbisse, Vorwürfe gegen Gott, daß er uns vielleicht vergessen hat, daß er uns nicht liebt, wie wir es uns vorstellen, daß er uns fallengelassen hat, daß wir es nicht schaffen, nicht genügend Kraft haben, eine bestimmte Schwierigkeit zu überwinden. Das alles ist Saat des Feindes, der uns in Zwiespalt stürzen und zu Fall bringen will.

Aber dann schickt der Teufel auch wieder das Gegenteil, das Gift des Dünkels. So hat er auch Jesus versucht, hat ihn eingeladen, seine Macht zu demonstrieren, und versucht, ihn zum Mißbrauch seiner Kräfte zu verleiten.

Tod

Jeder Mensch geht auf seinen eigenen Tod zu, und er weiß dies auch. Eben darin besteht ein entscheidender Unterschied zum Verenden des Tieres. Der Mensch weiß mit absoluter Sicherheit um seinen eigenen Tod, und er muß zu dieser Gegebenheit Stellung beziehen. Die Stellungnahme kann auch darin bestehen, nicht an den Tod denken zu wollen, aber auch dabei handelt es sich um eine Stellungnahme.

Allein der Mensch ist also in seinem Leben immer und unausweichlich mit dem eigenen Ende konfrontiert, besser mit der Totalität der eigenen Existenz. Und im Tod gewinnt die menschlichen Existenz Endgültigkeit. Der Tod, die Tatsache, daß wir auf ihn zugehen, weist uns darauf hin, daß unser Tun und Handeln auf Endgültigkeit zielt, daß wir unsere Entscheidungen nicht endlos hinausschieben können.

Es gibt eine bestimmte Zeitspanne, in der der Mensch seine Entscheidungen treffen muß.

Der Mensch kann nie außer acht lassen und muß immer der Tatsache Rechnung tragen, daß sein Leben auf eine bestimmte Zeitspanne beschränkt ist, die durch den Tod abgeschlossen wird. Im Nachdenken darüber erschließt sich ihm die Endgültigkeit des menschlichen Lebens und – in der Konsequenz – die Verpflichtung zu einem ethischen Verhalten.

In dieser existentialen, philosophischen – und sicher nicht biologischen – Sicht ist der Tod eine Wirklichkeit, die das ganze Leben bestimmt. Im Tod ist der Mensch aufgerufen, in seiner Ganzheit über sich zu verfügen und zugleich zu akzeptieren, daß das, was kommt, nicht von ihm selbst kommt.

Der Mensch kann es ablehnen, sich der Wirklichkeit des

Todes zu stellen, er kann lästern und fluchen. Und er kann sich selbst so annehmen, daß er diese Wirklichkeit annimmt.

Der Sinn des Todes besteht darin, in definitiver und endgültiger Weise mit der eigenen Existenz als Totalität konfrontiert zu werden, ohne daß man allein darüber verfügen könnte.

Tradition

Die Tradition – ein weites und komplexes Phänomen, das in seiner Gesamtheit schwer zu definieren ist – ist die immer lebendige Matrix alles dessen, was für die Kirche wesentlich ist. Sie faßt in organischer Einheit die Worte, Gesten, geistlichen Haltungen, die dogmatischen Entscheidungen und pastoralen Richtlinien der gesamten christlichen Gemeinschaft zusammen. Unter dem Beistand des Heiligen Geistes (wenn auch unterschieden von der Inspiration, wie sie den Propheten und Aposteln eigen war) nimmt die Kirche mittels der Tradition über die Jahrhunderte hin das Wort Gottes auf – das Wort vom Kreuz, das mündliche und schriftliche Wort der Propheten und der Apostel –, indem sie auf die Lehre der Apostel hört und mit Hilfe verschiedener Dienstämter – unter denen das hierarchische Lehramt besonderes Gewicht hat – die Schrift auslegt. Sie bezieht das Wort Gottes auf die aktuelle Situation, verteidigt es gegenüber falschen Auslegungen, läßt es in immer neuen Situationen lebendig und wirksam werden, verkündet es im Heute jeder Zeit.

Die Tradition ist der lebendige Zusammenhang, in dem das Wort Gottes von einer Generation zur nächsten weitergegeben wird. Und dieser lebendige Zusammenhang ermöglicht auch dem einzelnen Christen und den christlichen

Gemeinden den angemessenen Umgang mit der Heiligen Schrift. Sie wird so frei von Irrtümern und Verfälschungen ausgelegt, und sie trägt reiche Frucht. Denn sie eröffnet konkrete Wege, auf denen Jesus – das in der Eucharistie, in der Schrift und in der Predigt der Kirche gegenwärtig gesetzte lebendige Wort Gottes – bewirkt, daß jeder Mensch zum Wort Gottes wird, zur Frohbotschaft für seine Umwelt und für seine Zeit.

Trauer

Welche Wirklichkeit verbirgt sich hinter den geheimnisvollen Worten Jesu: „Selig die Trauernden" (Mt 5,4)? Wer sind diese Trauernden, wie kann ihr innerer Zustand näher beschrieben werden?

Denken wir an die Tränen Jesu über Jerusalem oder über den kurz vor seinem Eintreffen verstorbenen Freund Lazarus. Es ist eine Trauer, die aus einem dramatischen inneren Konflikt entsteht. Die Tränen Jesu sind Ausdruck eines solchen Konflikts. Sein Leben ist ausgespannt zwischen der Sehnsucht nach dem Reich Gottes und der inneren Vision dieses Reiches als Fülle des Lebens und des Friedens auf der einen und der gegensätzlichen Vision des ihm bevorstehenden Todes auf der anderen Seite. Es handelt sich also nicht nur um ein gewöhnliches negatives Gefühl aufgrund des Verlustes eines uns teuren Gutes. Das, worum es geht, ist der Widerstreit zwischen Gott, dem höchsten Gut, dem Geschenk seiner Freundschaft und den unerträglichen Zuständen des Elends und des Todes, die aus der Zurückweisung der Liebe Gottes sich auftun.

Die Trauer als Glück und Seligkeit zu preisen ist nur möglich aus der Sichtweise der Kontemplation, die ihren Blick auf das unendliche Geheimnis Gottes richtet und zugleich die Situation des Menschen voll Liebe, Zärtlichkeit und Erbarmen bedenkt.

Es ist die den Heiligen eigentümliche Haltung, die den Menschen mit Realismus und Liebe betrachtet, mit Augen, die durch die Anschauung Gottes geläutert und mitleidsvoll geworden sind. Heiligkeit bedeutet nämlich nicht Flucht aus der Situation des Menschen, und sie bedeutet nicht, sich in Träumen zu wiegen.

Heiligkeit ist die Fähigkeit, das Drama des Menschen, seine Leiden und Schmerzen und die Widersprüchlichkeit seiner geschichtlichen Bedingtheit mit lauterem Blick zu betrachten.

Es ist die Blickweise, die zu den prophetischen Anklagen und Ermahnungen führt.

Treue

Treue ist ein Stehen zu sich selbst, zu den Vorsätzen, die man gefaßt hat, und sie ist Treue einem anderen gegenüber, sei es ein Mensch oder auch Jesus Christus. Treue ist so wichtig, daß man nicht fürchten muß, sie könne zu einem Automatismus werden. Sein ganzes Leben lang die Treue bewahren ist so wichtig, daß man ruhig in Kauf nehmen darf, daß sie zur „Routine" wird.

Es gibt außerdem verschiedene Automatismen: sinnvolle und unsinnige. Ein sinnvoller Automatismus, der auf vernünftigen und authentischen Entscheidungen aufruht, verhilft dazu, daß wir spontan, unmittelbar, fast instinktiv reagieren. Ein solcher Automatismus ist gut. Der unsinnige, schlechte Automatismus hingegen läuft aufgrund äußerlicher Konditionierung ab und täuscht eine Wirklichkeit vor, die es nicht gibt. Es wird eine Geste gemacht (zum Beispiel ein Geburtstagswunsch aus Höflichkeit), weil die Situation sie nahelegt, aber es fehlen die Liebe und das Gefühl. Der Automatismus als solcher ist jedoch noch nicht gut oder schlecht.

Die Treue ist nun die Tugend, die gute Automatismen schafft. Wir brauchen keine Angst zu haben, unsere Treue noch tiefer zu verankern, so daß unsere Handlungen fast instinktiv oder automatisch ablaufen, weil sie dann in der Tiefe wahr sind. Wir können und sollen diese Tiefendimension im Gebet, in der Gnade, im Vertrauen auf die Barmherzigkeit Gottes, in der Meditation stärken. Wenn wir dann bei bestimmten Handlungen im Augenblick des Handelns nichts spüren, so muß uns das nicht erschrecken, weil das Empfinden schon in der Tiefe verankert ist.

Umkehr

Was bedeutet Umkehr oder Bekehrung als Änderung der Denkweise oder des Horizontes?

Es sind damit drei Aspekte, drei Wirklichkeitsbereiche angesprochen: Es gibt die religiöse Umkehr, die ethische Umkehr und die intellektuelle Umkehr.

Die religiöse Umkehr oder Bekehrung besteht in der Entscheidung, Gott in allem den Vorrang zu geben. Sie bedeutet nicht, daß man gleich zum Heiligen wird, aber sie beinhaltet die radikale Entscheidung, Gott über alles zu stellen und sich ganz ihm zu unterstellen. Es ist dies ein grundlegender und höchst bedeutsamer Wechsel des Horizonts. Ich mache in meinem Leben ernst mit dem Vorrang Gottes, so daß ich in allem, im guten wie im schlechten, in Krankheit und Tod mich von ihm abhängig weiß.

Diese religiöse Umkehr oder Bekehrung drückt sich aus in einer ethischen Bekehrung, mit der sie zuinnerst verknüpft ist. Sie besteht in der Option, nicht den Götzen zu dienen, sich nicht zum Sklaven der alten heidnischen oder der immer gegenwärtigen Götzen zu machen, wie sie das Geld, der Erfolg, die Macht oft sind. Die ethische oder moralische Bekehrung bedeutet, das eigene Interesse der Gerechtigkeit unterzuordnen.

Eine solche Bekehrung ist ein Geschenk, sie erwächst nicht aus meiner eigenen Kraft, sie ist vielmehr ein Geschenk Gottes. Es ist der Heilige Geist in uns, der in uns lebendige Christus, der sie bewirkt. Es geht also darum, sich der Führung des Heiligen Geistes zu unterstellen, ein Leben aus dem Geist zu leben.

Ein Mensch, der sich wirklich in religiöser und moralischer Hinsicht bekehrt hat, ist der Mensch der Seligpreisungen. Dazu sind nicht nur die neun Seligpreisungen im Matthäusevangelium (Mt 5,3–11) zu zählen, sondern auch die Seligpreisung derer, die das Wort Gottes hören und befolgen (Lk 11,28), derer, die glauben (Lk 1,45; Joh 20,29), und die Seligpreisung von Apg 20,35: „Geben ist seliger als nehmen".

Diese zwölf Seligpreisungen – denen noch weitere hinzugefügt werden könnten – bilden eine Einheit und bedingen sich gegenseitig. Sie sind der Rahmen für den Menschen, der sich auf den Weg der Umkehr begeben hat.

Die intellektuelle Bekehrung wird in der Schrift nicht eigens thematisiert, da sie eine Haltung ist, die in gewissem Sinn vorausgesetzt wird.

Sie besteht in der weisen menschlichen Einsicht, wonach der Mensch im Leben nicht dem äußeren Anschein folgen darf, sondern den Mut aufbringen muß, nach innerer Einsicht zu suchen, zwischen wahr und falsch abzuwägen und dann erst zu urteilen.

Unterscheidung der Geister

Das Wort von der Gabe der Unterscheidung bzw. von der Unterscheidung der Geister ist sowohl in der Bibel wie in der christlichen Tradition des geistlichen Lebens geläufig. Es ist darunter die Fähigkeit zu verstehen, unter den vielen möglichen menschlichen Haltungen eine Abschätzung und Unterscheidung zu treffen, welche davon aus einem inneren Antrieb des Heiligen Geistes hervorgehen und welche nicht.

Alles Wahrhafte und Echte, das in der Kirche geschieht, kommt aus dem Hören auf den Geist. Für alles genuin kirchliche Handeln gilt der Satz, der in den sieben Sendschreiben der Offenbarung des Johannes wie ein Refrain wiederkehrt: „Wer Ohren hat, der höre, was der Geist den Gemeinden sagt" (Offb 2–3). Aber es gibt verschiedene Weisen des Hörens.

Zuweilen ist das Hören ein „Wiedererkennen". Es ist ein Sehen, Aufnehmen und Verkündigen der grundlegenden Wahrheiten des Christentums, die das Wesen des Lebens der Kirche ausmachen. Diese Haltung des Hörens ist angemessen gegenüber Wirklichkeiten, wie es das Wort Gottes, die Eucharistie, die Gemeinschaft, der pastorale Dienst sind. Ein Beispiel dafür ist das Erkennen der Stimme des guten Hirten im Johannesevangelium (vgl. Joh 10,1–6).

In anderen Situationen ist das Hören mehr ein „Unterscheiden". Das unmittelbare Objekt ist dann nicht mehr eine göttliche Wirklichkeit, die als Richtschnur erkannt und anerkannt wird, sondern es geht um ein menschliches Verhalten, ein geschichtliches Phänomen, eine gemeinsame Entscheidung. Es geht dann darum, ob, wie, in welchem Ausmaß, unter welchen Bedingungen, mit welchen Konsequenzen in der Geschichte die ewigen Werte verwirklicht werden, die Christus seiner Kirche anvertraut hat.

Vaterunser

Wenn wir nicht recht wissen, wie wir beten sollen, dann genügt es, ganz langsam, Wort für Wort, das Vaterunser zu sprechen.

Die Grundstruktur dieses Gebets, das wir nie erschöpfend meditieren können, enthält drei Momente: Es ist vergleichbar einer Fontäne, deren Wasserstrahl aus einem Quellgrund hervortritt und in die Höhe steigt und dann, wenn er wieder herabfällt, alles um sich herum besprengt.

Das erste Moment, der Quellgrund, wird mit dem Wort „Vater" ausgedrückt, für den Beter ist es der Geist der Kindschaft. Im Geist der Kindschaft leben heißt die Taufe leben, und wir leben unsere Taufe vor allem im Gebet.

Der Geist der Kindschaft ist die Grundlage für jedes Gebet, die Haltung der Kindschaft ist für den Christen von größter Bedeutung, denn das ewige Leben besteht darin, daß diese Kindschaft gelebt wird. Erwähnenswert ist auch, daß wir das Wort „Vater" bei jeder Bitte wiederholen können: Vater, dein Reich komme; Vater, dein Wille geschehe; Vater, vergib uns unsere Schuld; Vater, bewahre uns in der Versuchung.

Das zweite Moment sind die Bitten, die wie ein Strahl nach oben steigen und Gott in der zweiten Person ansprechen: „Dein Reich komme, geheiligt werde dein Name." In der Kraft des Heiligen Geistes wendet die erlöste, getaufte Seele sich an den Vater.

Das dritte Moment ist das Herabfallen des zuvor aufgestiegenen geistlichen Strahls, mit dem der Heilige Geist uns erfaßt und in die Höhe führt. Daß er auf uns auf die Erde zurückfällt, drückt aus, daß wir hungrig sind, daß wir der Vergebung bedürfen, daß wir schwach und hinfällig sind in der Versuchung.

So werden wir beim Beten des Vaterunser mit der Wahrheit unseres Seins konfrontiert: Herr, laß nicht zu, daß ich in der Versuchung unterliege. Du siehst, ich bin versucht, müde, überdrüssig, träge. Erlöse mich von allem, was mich hindert, dir zu vertrauen, dich als Vater zu sehen und zu lieben.

Vergebung

Die Freude, daß uns vergeben wird und daß wir selbst vergeben können, bringt uns das Neue des Evangeliums zu Bewußtsein, die frohe Botschaft von der Barmherzigkeit des Vaters gegenüber uns Sündern.

Wenn die Vergebung unsere Herzenshärte auflöst und uns der Freude des Evangeliums öffnet, beginnen wir die Dinge mit neuen Augen zu sehen.

Für unsere pastorale Arbeit enthält die Erzählung von der Speisung der Fünftausend (vgl. Mk 6,30–44) einen tröstlichen Hinweis. Als die Jünger eingesehen haben, daß sie mit ihren eigenen Mitteln den Hunger der Menge nicht würden stillen können, sind die fünf Brote und zwei Fische nicht länger der Beweis für ihre hilflose Armseligkeit. Sie gewinnen vielmehr eine neue Bedeutung als bescheidene menschliche Gabe, in der sich der wunderbare Reichtum Gottes offenbaren soll.

So werden auch die Anstrengungen der Gemeinde, die missionarischen Bestrebungen der pastoralen Mitarbeiter, die ergriffenen Initiativen – die immer nur lückenhaft umgesetzt werden können – geläutert durch Bescheidenheit und Vergebungsbereitschaft. Sie ist das anfängliche Zeichen, der Keim einer Gegenwart Gottes, der immer am Werk ist.

Der Weg, der uns Gott näherbringt, wird zum Gebet. Wir feiern, beten an und danken Gott für seine vielförmige Gegenwart mitten unter uns. Wir bitten ihn, daß unsere bescheidenen Brote und Fische – die Unsicherheiten, die Armseligkeit, die Begrenzungen unserer Person und unserer Gemeinden – kein Hindernis sein mögen für seine Gegenwart, sondern daß er sie annimmt und verwandelt. Wir beginnen dann, im Geheimnis Gottes zu verweilen, in der geistigen Welt Jesu, im unerschöpflichen Reichtum des Evangeliums.

Verkündigung

Die erste Verkündigung, auf der das Christentum insgesamt aufbaut, war die Verkündigung, daß Jesus von Nazaret, der hingerichtet worden war, auferstanden ist und lebt.

Dies ist insofern höchst bedeutsam, als es die Feststellung erlaubt, daß das Christentum seinen Ursprung nicht in einer Ideologie hat. Es ist beispielsweise nicht aus der Predigt entstanden, daß alle Menschen Brüder sind, auch nicht aus der Verkündigung von der Vaterliebe Gottes und vom unendlichen Wert der Menschenseele (wie Adolf von Harnack es in seiner Vorlesung „Das Wesen des Christentums" dargestellt hat). Am Ursprung des Christentums steht weder eine theologische Formel noch ein Programm zur moralischen Erneuerung, sondern die schlichte Aussage, daß Jesus von Nazaret, der gekreuzigt worden war, lebt.

Genau das war auch der Eindruck, den ein recht wenig an religiösen Fragen interessierter römischer Beamter wie der Statthalter Festus gewonnen hatte. Die gegen den hl. Paulus erhobenen Anschuldigungen der Juden faßt er in seinem Bericht an König Agrippa nämlich so zusammen: „Sie führten nur einige Streitfragen gegen ihn ins Feld, die ihre Religion und einen gewissen Jesus betreffen, der gestorben ist, von dem Paulus aber behauptet, er lebe" (Apg 25,19).

Wie haben nun die ersten Christen verkündet, daß Jesus lebt? Welche Formulierungen haben sie verwendet, mit welchen Worten haben sie es ausgedrückt?

Die ersten Jünger haben ganz realistisch gesagt: Jesus von Nazaret ist auferstanden, und wir haben ihn gesehen. Es handelte sich also weder um die Idee eines irgendwie im Gedächtnis der Jünger lebendigen Christus noch um eine Hoffnung, die alle katastrophalen Vorkommnisse überdauert hätte. Wir stehen vielmehr vor dem Zeugnis einer ganz konkreten Begegnung mit einer Person.

Vorbeugung

Vorbeugung ist eine Notwendigkeit, wenn unsere Jugendlichen nicht im Gefängnis landen sollen. Es ist ein Engagement auf allen Gebieten notwendig, der Straffälligkeit dadurch vorzubeugen, daß ihre Ursachen beseitigt werden. Es müssen Gesetze und Aktivitäten zugunsten des Gemeinwohls gefördert werden, und wir müssen die Kinder und Jugendlichen mit persönlichem Einsatz erziehen. Wenn wir einem Jugendlichen begegnen, der auf Abwege zu geraten droht, müssen wir, bevor wir urteilen und verurteilen, uns nach dem Warum fragen. Wir müssen bereit sein, uns seine Geschichte vor Augen zu führen. Wir stoßen dann oft auf wirtschaftliches und moralisches Elend, auf einen Mangel an Lebenssinn, auf Unwissenheit, Arbeitslosigkeit, bittere Erfahrungen mit allzu strengen Gesetzen, auf ein Leben ohne Führung und ohne Verwurzelung. Es ist nicht länger möglich, daß wir unseren individuellen Egoismus pflegen und, desinteressiert an den Schwierigkeiten der anderen, das, was unsere persönlichen Aufgaben wären, an Fachleute oder Politiker oder sonstige Experten delegieren.

Wir dürfen nicht der Versuchung unterliegen, die Nächstenliebe für unwirksam oder für das soziale Wachstum gar schädlich zu halten. Diese Versuchung kommt häufiger vor, als man denken möchte. Es gibt tatsächlich viele Menschen, die der Meinung sind, die Werke der Nächstenliebe würden nicht dem sozialen Frieden dienen, sondern nur Faulheit und Untätigkeit fördern. Und auf diese Weise schwören sie, oft noch mit Spott verbunden, dem einzigen Weg ab, der – jenseits von Strafe und Abwehr – soziales Verhalten fördern könnte.

Vorsehung

Alles, was geschieht, hat auch eine Bedeutung. Vielleicht können wir sie nicht in jedem Fall unmittelbar entdekken, aber wir können davon ausgehen, daß es sie gibt, denn wir wissen, daß alles diesen Sinn hat: Gott liebt mich und führt mich.

Erkennen, daß Gott mich führt und leitet, heißt, daß ich mit mir selbst und mit meinem Leben versöhnlich umgehe: mit den Gaben, die ich habe und nicht habe oder die ich gerne hätte, auch damit, was ich verloren habe, und damit, daß ich auf meinem Weg nur wenig vorangekommen bin. Ich kann versöhnlich mit mir selbst umgehen, weil Gott mich führt, mir zur Seite steht, weil er in Ordnung bringt, was daneben geht, ob es sich um kleine oder große Verfehlungen handelt. Trotz meiner Unzulänglichkeiten bringt Gott mein Leben voran, in seiner lebenspendenden Liebe hat meine ganze Geschichte einen Sinn.

Aus dem Frieden mit uns selbst erwächst der Friede mit der Kirche, wie sie ist, mit den Menschen, die um mich sind, mit der Gesellschaft, mit der Geschichte. „Wir wissen, daß Gott bei denen, die ihn lieben, alles zum Guten führt" (Röm 8,28). Die Schrift bestätigt dies immer wieder.

Für das Alte Israel hatte sowohl der Siegeszug des Reiches Davids Sinn wie auch der Niedergang unter Salomo. Es hatte das Exil und das Leben unter den Heiden Sinn, und es hatte die Rückkehr aus dem Exil Sinn.

Dieses Leben mit seinen Widersprüchen und Brüchen, mit Licht und Schatten, hat für mich Sinn. Denn immer führt Gott mich zur Läuterung des Herzens, zur Reife im Glauben und zur Angleichung an Christus.

Wachsamkeit

Was bedeutet wachsam sein und wachen? Es bedeutet, daß die Geschichte die Zeit der Unterscheidung ist. Der Christ ist aufgefordert, die Augen zu öffnen und sich nicht von den Ereignissen wie von einem rohen, unvernünftigen Schicksal überrollen zu lassen. Er ist eingeladen, auf das, was geschieht, positiv und klar, mit Vernunft und Mut zu antworten.

Um die Ermahnung zur Wachsamkeit besser zu verstehen, wollen wir drei Aspekte der biblischen Wachsamkeit, wie sie uns das Evangelium vorstellt, näher betrachten.

Da ist zunächst das Wachen des Hausherrn in der Nacht aus Angst, weil er vermutet, daß der Dieb kommt (vgl. Mt 24,43; Lk 12,39): die Wachsamkeit als Vorsichtsmaßnahme. Sie bedeutet umsichtig sein, sich schützen, sich in acht nehmen, auf der Hut sein.

Dann ist die Rede vom Wachen des Knechtes, der den Hausherrn erwartet. Er will auf seinem Posten sein, will nicht träge, nicht untätig, nicht liederlich sein (vgl. Lk 12,35-38). Dies ist Wachsamkeit aus Treue.

Und schließlich gibt es noch das Wachen der Braut, die den Bräutigam erwartet (vgl. Mt 25,5). Sehr schön wird dieses Wachen geschildert im Hohen Lied des Alten Testaments. Die Braut erwartet den Geliebten ihres Herzens, ihr Wachen ist das Wachen aus Liebe, aus Sehnsucht. Es ist das Wachen der Braut, die ruft: Komm, Herr Jesus! (vgl. Offb 22,17.20).

Es sind dies auch die drei Aspekte der christlichen Wachsamkeit, die wir antreffen, wenn wir Jesus in der Todesangst von Getsemani betrachten. Er wacht, während seine Jünger vom Schlaf übermannt werden, wie der Hausherr, der den Dieb erwartet, denn er will auf die Ankunft des Judas stehend warten. Er wacht aus Treue, denn er will den Willen des Vaters erfüllen, nicht den seinen. Und er wacht aus Liebe. Er ruft zum Vater, daß er den Kelch des Leidens, wenn er nicht vorübergehen kann, auf sich nehmen will.

Jesus in Getsemani ist das Modell für die Wachsamkeit des Christen, die eine Wachsamkeit aus Umsicht, Treue und Liebe ist.

Wahlfreiheit

Das Wort „Wahl" bringt zum Ausdruck, daß wir über eine Freiheit verfügen, die sich vor Gott und der Geschichte ereignet, daß wir eine Auswahl zu treffen haben unter mehreren Optionen, die jede – christlich, theologisch und pastoral gesehen – eine bedeutsame und wertvolle Möglichkeit darstellt. Es handelt sich nicht um eine einmalige dramatische Wahlsituaton zwischen gut und schlecht, sondern es geht darum, im ständigen Vorwärtsschreiten auf all die Güter und Gegebenheiten zu achten, die der Geist in die Welt ausgegossen hat, und daraus auszuwählen, was wirklich aufbauend ist.

Die Aufgabe, zu wählen, ist von wesentlicher Bedeutung. Sie macht klar, daß unsere Freiheit ein verantwortliche Freiheit ist und nicht einsame, beliebige Willkür ohne jeden

Bezug und ohne Kriterien. Bezugspunkt und Entscheidungskriterien sind für die Jünger Jesu Christi und das ganze Volk Gottes – dem „die Würde und die Freiheit der Kinder Gottes eignet, in deren Herzen der Heilige Geist wie in einem Tempel wohnt" (II. Vatikanisches Konzil, Lumen gentium 7) – durch die Zeichen des Heiligen Geistes gegeben. Sie reichen von den mehr spontanen über die hierarchisch geordneten Zeichen bis zu den sogenannten „Zeichen der Zeit". Papst Johannes XXIII. und das Konzil haben uns gelehrt, auf letztere besonders zu achten, wobei wir uns jedoch vor Oberflächlichkeit und Selbstgefälligkeit hüten sollten.

Wahrheit

Pro veritate adversa deligere et prospera formidando declinare: Für die Wahrheit Ungunst lieben und Erfolg abwehren, rät uns der hl. Gregor. Doch jeder von uns neigt eher dazu, das Gegenteil zu tun. Wir lieben den Erfolg und wünschen uns die Anerkennung aller, während Kritik und Einwendungen uns lästig sind. Nur die Gnade des Evangeliums, die über die Angst vor dem Tod triumphiert, ist in der Lage, jede menschliche Rücksicht zu überwinden, so daß wir auf die in Jesus Christus geoffenbarte Wahrheit blicken, die im Heiligen Geist zu unserer Wahrheit geworden ist. Der Geist verwandelt unser Leben und gibt uns die Kraft, die Wahrheit des Evangeliums so sehr zu lieben, daß wir durch diese Liebe die Angst des Mißerfolgs überwinden. Und nur mit einem so befreiten Herzen ist es uns möglich, Gerechtigkeit bis zum letzten zu üben, auch die zu lieben, die uns nicht lieben, die zu grüßen, die uns nicht grüßen, denen zu vergeben und für die zu beten, die uns nicht verstehen oder uns feindlich gesinnt sind.

Es ist diese Wahrheit des Evangeliums, die uns vom Makel der Besitzgier befreit, Ehrgeiz und Stolz überwindet und uns befähigt, den Brüdern und Schwestern geistesgegenwärtig und uneigennützig zu dienen.

Weg

Das Symbol des Weges ist überreich an Bedeutung, sowohl allgemein auf das menschliche Leben bezogen – es ist ein anthropologisches Symbol schlechthin – als auch im besonderen für den Fortschritt im geistlichen Leben.

Der hl. Ignatius sagt zu Beginn seiner geistlichen Übungen, der Exerzitien, daß sie ein Gehen, ein Laufen, ein Ausschreiten sind; sie sind kein Sichhinsetzen, kein Stehenbleiben. Der Wegcharakter unterstreicht die Lebendigkeit des Glaubens, daß es Abschnitte gibt, aufeinanderfolgende und voranführende Schritte zugleich.

Man kann die Geschichte jedes einzelnen Menschen wie auch die Geschichte der Kirche oder auch einer Teilkirche in das Bild des Weges fassen.

Und dann gibt es noch die ganze heilsgeschichtliche Symbolik: der Weg Gottes. Bei Jesaja lesen wir „Meine Wege sind nicht eure Wege" (vgl. Jes 55,8). Es ist die Rede von Gott, der auf dem Weg des Menschen geht, ihn begleitet, dem Menschen entgegenkommt. Es gibt das Symbol der Menschwerdung, in dem Jesus sich mit uns auf den Weg macht, er ist der „Gott-mit-uns" mit allen Konsequenzen der Menschwerdung des Göttlichen, der Gegenwart Gottes in der Geschichte.

Die Bibel ist voll von Bildern des Weges. „Wohl dem Mann, der ... nicht auf dem Weg der Sünder geht", beginnt der erste Psalm (Ps 1,1). Der lange Psalm 119 ist eine wiederholte Abwandlung des Themas von der Beobachtung des Gesetzes als Weg: „Wohl denen, deren Weg ohne Tadel ist"; „Laß mich den Weg begreifen, den deine Befehle mir zeigen"; „Herr, weise mir den Weg deiner Gesetze! ... Führe mich auf dem Pfad deiner Gebote!"

Weihnachten

Die Kindheitserzählungen der Evangelien erwähnen von der Geburt Jesu nur, daß sie in Betlehem stattgefunden hat und daß das Kind in eine Krippe gelegt wurde. Bei Lukas wird dieses Detail dreimal erwähnt. Es stellt vielleicht einen bescheidenen, aber dennoch bedeutsamen Schlüssel für die Lektüre der ganzen Erzählung dar.

Das Kind, das geboren wurde, ist in bestimmter Hinsicht ein Kind wie alle anderen Kinder. Man würde vergeblich suchen, wollte man einen Hinweis finden, der auf seine göttliche Herkunft weist. Aber die außerordentliche Bescheidenheit seiner ersten Unterkunft, die sogar den armen Beduinenhirten, die wenigstens den Stolz eines eigenen Zeltes hatten, als nicht akzeptabel erschienen sein muß, muß jedem auffallen, der zufällig vorbeikommt oder sich durch eine Stimme von oben an diesen Ort gerufen erfährt.

Für jeden Menschen, auch für den, der nicht glaubt, ist die Entbehrung dieser jungen Familie ohne Dach über dem Kopf eine Einladung zur Öffnung des Herzens.

Wer mit den Augen des Glaubens herantritt, sieht darin, auch in Zeiten des Wohlstands, überdies ein unvergeßliches Zeichen dafür, was in den Augen Gottes Wert hat und was nicht zählt vor ihm.

Es gibt viele unter uns, die kein Haus, keine Arbeit und keine Sicherheit haben; und es gibt noch mehr, für die das Haus kein Zuhause ist, weil die Zuneigung ermattet oder tot ist. Und es gibt viele – besser: wir sind viele –, die sagen, daß sie an Christus glauben, die verkünden, daß das Kind in der Krippe der Meister und Herr ist. Im täglichen Handeln ziehen sie dann aber das Haben bei weitem dem Sein vor.

Besitz ist keine Sünde. Auch Jesus hatte eine Zeitlang ein eigenes Haus, seine eigene Arbeit und einen achtbaren Lebensstil, der dem Leben des arbeitenden Volkes entsprochen haben wird. Eine Sünde ist es, das Haben und Besitzen den bedeutenderen Werten des menschlichen Lebens voranzustellen.

Es gibt keinen Bereich, weder im persönlichen noch im gesellschaftlichen noch im politischen, noch im kirchlichen Leben, der von diesem Prinzip ausgenommen werden dürfte.

Weisheit

Gott, dessen geheimnisvolles Sein und Wesen mit menschlichen Worten nicht aussagbar ist, ist jene Wirklichkeit, in der der innerste Grund, der Sinn und die Bedeutung aller Dinge beschlossen sind.

„Er hat den Weg der Weisheit ganz erkundet und hat sie Jakob, seinem Diener, verliehen, Israel, seinem Liebling. Dann erschien sie auf der Erde und hielt sich unter den Menschen auf" (Bar 3,36f).

Wenn wir diese Stelle aus dem Buch Baruch lesen, die lange vor dem Erscheinen Christi geschrieben wurde, drängt sich gleich der Gedanke auf, darin eine Vorhersage der Menschwerdung Jesu zu sehen. Denn wer sollte sonst diese Weisheit sein, die auf der Erde erschienen ist und sich unter den Menschen aufgehalten hat? Es ist Jesus von Nazaret, die ewige Weisheit, der unter uns gelebt hat. Deshalb haben auch viele Kirchenväter und viele Exegeten diesen Vers als eine direkte Prophezeiung der Inkarnation gelesen.

Vielleicht sollten wir nicht nur von der Inkarnation Jesu sprechen, sondern von allen Formen der Offenbarung Gottes. Diese Formen mit Jesus als Höhepunkt verkörpern die authentische Gegenwart der Weisheit und der Wahrheit Gottes in der Lebenswirklichkeit und Geschichte der Menschen. Gestalt der Weisheit und der Wahrheit sind so das Gesetz Israels (eine in Büchern niedergeschriebene geschichtliche Realität, geschrieben von Menschen, aber die Weisheit Gottes spiegelnd) und die geschichtlichen Strukturen, die es in diesem Volk geschaffen hat.

Diese Weisheit, die in Jesus in voller, endgültiger, absoluter, die Menschen erleuchtender Gestalt erschienen ist, wirkt weiter in den Strukturen, in den Lebenswirklichkeiten und in den geschichtlichen Ordnungen der Völker.

Das bedeutet, daß der Mensch diese Weisheit suchen und finden kann. Und es heißt, daß alle wissenschaftliche und historische Forschung, der gesamte Prozeß der Kultur, jede Suche nach Wahrheit Suche und Annahme dieser Weisheit ist.

Werden wie die Kinder

Die Bibel beschreibt die innere Haltung der Freiheit, ohne notwendigerweise den Begriff zu verwenden. Denken wir zum Beispiel an die immer wiederkehrenden Ausdrücke im Alten Testament: „Sucht den Herrn, ihr Gedemütigten im Land, die ihr nach dem Recht des Herrn lebt. Sucht Gerechtigkeit, sucht Demut!" (Zef 2,3).

Wer äußerlich vernachlässigt, nicht beachtet und unterdrückt wird, setzt sein ganzes Vertrauen auf den Herrn. In seiner Armut, Schlichtheit und Kleinheit vertraut er sich völlig dem Vater an, er übergibt ihm seine Pläne und ist deshalb zutiefst frei.

Achten wir auf die Ähnlichkeit der Sprache in den Versen des Alten Testaments und in der Bergpredigt, den Seligpreisungen: „Selig, die arm sind vor Gott; denn ihnen gehört das Himmelreich" (Mt 5,3). Sie besitzen die tiefe, vollkommene Freiheit des Reiches Gottes, weil sie ganz für den Vater zur Verfügung stehen. Das Armsein vor Gott ist gleichwertig der geistlichen Kindschaft, die notwendig ist für den Eintritt in das Reich Gottes. In der Absage an den Besitz, an die Macht, die den Menschen mit ihren Götzen versklavt, erfährt man die Freiheit des Sohnes. Wer sich Gott anvertraut, weiß, daß er alles erhalten wird, was er nötig hat. Dies ermöglicht es ihm, sich im gewohnten Umfeld, aber auch auf dem Gebiet der Kultur, der Gesellschaft und der Politik frei zu bewegen. Er zieht sich nicht zurück und tritt nicht beiseite. In der Gnade des Heiligen Geistes hat er sowohl die Angst vor einer herausgehobenen Stellung wie auch die Angst vor dem Urteil der andern überwunden. Er führt ein Leben in Freiheit, in Bescheidenheit, im Geist der Kindschaft des Evangeliums.

Wiederaufrichten

Wir können nicht lieben lernen, ohne dienen zu lernen. Unsere Liebe verkümmert, wenn sie nur in Worten, guten Vorsätzen und Gemütsregungen besteht. Es ist nötig, zuzupacken und die Nöte um uns herum ganz konkret anzugehen. Gefragt sind nicht außerordentliche Gesten der Solidarität in die Ferne, sondern wir müssen lernen, einen Pullover zu stricken, Strümpfe zu stopfen, mit anderen Worten: unermüdlich und liebevoll ausbessern und reparieren, was es, in unserer unmittelbarer Nähe, auszubessern gibt, was abgestoßen, zerbrochen, zerrissen, ausgefranst ist.

Wir kennen die Aufforderung an den hl. Franziskus:

Richte mein Haus auf! Heute ist dieses Haus nicht, wie damals, eine baufällige Kirche, es ist die Gesellschaft, die wiederaufgerichtet, „repariert" werden muß. Das beginnt in unserer unmittelbaren Umgebung, also in der Familie, im Freundeskreis, in der Schule, bei den Arbeitskollegen, im Gesprächskreis, in der Freizeit, bezieht sich aber auch auf die Gemeinde, den Stadtteil und die Stadt.

Statt dessen treffen wir auf Vandalismus, Zerstörungslust und die Tendenz, das Verbrechen zu verharmlosen. Verbunden ist damit die Vorstellung, für die Abhilfe seien die anderen zuständig, schließlich gebe es eine städtische Müllabfuhr und Straßenreinigung, es gebe Ämter und Behörden oder einen privaten Geldgeber für die Übernahme der Kosten, damit das, was wir kaputtgemacht und zerstört haben, wieder in Ordnung gebracht wird.

Dieser leichtsinnige und unverantwortliche Umgang mit dem Haus, das uns allen gehört, ist ein Hauptgrund für die Übel, unter denen wir leiden und die wir so lautstark beklagen!

Wort

Das Wort offenbart die Tiefe unseres Seins. Unsere Freiheit wird wirksam im Wort. Unsere Menschlichkeit geht auf die Suche nach der Menschlichkeit der anderen, sucht Verbindung mit ihnen, schafft Konsens, bildet menschliche Gemeinschaft, mischt sich ein in die Dinge der Welt im Wort. Leben, Hoffnung, Freude, Verpflichtung, Fleiß, Liebe, Licht der Wahrheit sind auf geheimnisvolle Weise niedergelegt in der zerbrechlichen Hülle des Wortes.

Aber das menschliche Wort ist auch arm. Wie oft stammelt es nur unverständig vor Geheimnissen, die es nicht zu durchdringen vermag. Wie oft kann es die Bedeutung, die es birgt, nicht vermitteln. Wie oft erreicht es nicht die erwünschten Ergebnisse. Wie oft bringt es – anstatt die Liebe des Lebens und das Licht der Wahrheit zu offenbaren und Verbindung zwischen den Menschen zu schaffen – Haß, Lüge und Zwietracht hervor.

In der Armut des Wortes wird die Armut unseres Seins offenbar. Wir sind nicht eins mit dem Leben, mit der Freude, mit der Liebe, mit dem Licht der Wahrheit. Diese Güter sind in uns vorhanden, sie sind aber zugleich weit weg von uns. Wir suchen sie, weil sie fern sind, wobei wir angespornt werden von ihrer teilweisen Gegenwart in uns.

Wenn wir diese gleichzeitige Gegenwärtigkeit und Abwesenheit des Lebens, der Wahrheit, der Liebe nicht sehen und vorgeben, wir wären in umfassender und erschöpfender Weise selbst das Leben, die Wahrheit, die Liebe, dann betrügen wir uns selbst. Unsere Worte bringen dann Lüge, Zwietracht und Tod in die Welt.

Wort Gottes

Die Bibel ist – vor allen Inhalten, einfach dadurch, daß es sie als Wort Gottes gibt – tröstende Wegzehrung für alle Situationen des Lebens. Aber auch die Inhalte entzünden Lichter der Hoffnung. Das Beispiel der Glaubenden, die sich ganz Gott anvertrauen – vor allem das Beispiel Jesu, der dem Vater bis in den Tod treu bleibt –, weckt und nährt in uns ein tiefes Empfinden für Gott, der größer ist als alle Güter, die wir selbst uns wünschen könnten.

Manche Güter erreichen wir gar nie, andere werden uns wieder entrissen. Da zeigt uns das Wort Gottes, daß es viel wichtigere Güter gibt, die es uns eröffnet: Mut, eine tiefe menschliche Solidarität, ein demütiges Empfinden für unsere Hinfälligkeit, größere Wachsamkeit gegenüber unseren oberflächlichen Wünschen, eine treuere Hingabe an unsere Pflichten.

Und schließlich weckt das Wort Gottes in uns die Hoffnung nach jenen geheimnisvollen – wirklichen und zugleich wunderbaren – Gütern, die der Vater in der neuen Welt jenen bereitet, die, vereint mit Jesus Christus, sich ganz seiner Liebe anvertrauen.

Der Vorrang des Wortes Gottes in allem muß aber auch gelebt werden. Das ist jetzt noch nicht der Fall. Wir können nicht behaupten, unser Leben würde vom Wort Gottes genährt und gelenkt. Wir orientieren uns, auch im Guten, an guten Gewohnheiten, richten uns nach den Grundsätzen des gesunden Menschenverstandes und berufen uns auf Traditionen religiösen Glaubens und moralischer Leitlinien, die wir überkommen haben. Manchmal denken wir auch daran, daß Gott für uns von Bedeutung ist, daß Jesus ein Ideal und eine Hilfe darstellt.

Darüber hinaus erfahren wir jedoch für gewöhnlich recht selten, daß das Wort Gottes unsere wahre Stütze und Bestärkung ist und uns den wahren Gott zeigen kann, dessen Offenbarung unser Herz mit Freude erfüllen würde. Wir machen nur selten die Erfahrung, wie der Jesus der Evangelien, den wir im Hören auf die Botschaft der Bibel und in der Meditation kennenlernen, für uns wirklich zur „frohen Botschaft" werden kann.

Er kann es jetzt werden, in diesem besonderen Augenblick meines Lebens, er kann mich meinen Platz und meinen Auftrag in dieser Gesellschaft neu sehen lehren. Er kann die armselige und traurige Vorstellung, die ich mir von mir selbst und von meiner Bestimmung gemacht habe, auf den Kopf stellen.

Worte

Ich sage euch: Über jedes unnütze Wort, das die Menschen reden, werden sie am Tage des Gerichts Rechenschaft ablegen müssen; denn aufgrund deiner Worte wirst du freigesprochen, und aufgrund deiner Worte wirst du verurteilt werden" (Mt 12,36–37).

Jesus lehrt uns hier, daß Worte – unbeschadet dessen, daß sie einen tieferen Sinn haben können – tatsächlich unnütz werden können, daß ihr Sinn verlorengehen, zerstört werden kann, daß sie sinnlos werden können.

Es gibt viele Wörter, die eine entsprechende Überprüfung nötig hätten. Wir müssen sie einzeln herausgreifen und gleichsam mit Röntgenstrahlen untersuchen. Ich denke an Wörter, die im Bereich der Kultur, im gesellschaftlich-politischen und im kirchlichen Bereich verwendet werden, an Wörter, die den Sprachhorizont einer ganzen Periode oder historischen Epoche bilden. Es gehört zu unserer Aufgabe, sie gewissermaßen zu sieben und festzustellen, inwiefern in ihnen oder durch sie das einzige und heilsame Wort, das Wort Gottes, hörbar wird.

Beispielhalber greife ich einige häufig gebrauchte Wörter aus dem bürgerlichen Leben heraus: Gerechtigkeit, Friede, Umwelt. Sie haben anfänglich eine präzise Bedeutung, beziehen sich auf bestimmte Situationen, aber dann werden sie zu Schlagwörtern, die wiederholt werden, ohne daß der mit ihnen verbundene Ernst noch erfaßt wird, und schließlich werden sie überhaupt bedeutungslos.

Im kirchlichen Bereich denke ich an folgende Begriffe: Projekt, Identität, Gegenwart, Vermittlung, Unterscheidung. Solange diese Wörter Bedeutungsträger sind, können sie Träger einer Botschaft sein. Bei einigen habe ich selbst dazu beigetragen, daß sie eine gewisse Verbreitung gewonnen haben. Manchmal empfinde ich jedoch großes Unbehagen, wenn ich bemerke, wie sie aus dem präzisen kirchlichen und theologischen Kontext, in dem sie nicht nur einen Begriff, sondern eine Botschaft darstellen, herausgenommen und dadurch verallgemeinert und banalisiert werden.

Was soll man machen, wie soll man mit solchen und ähnlichen Wörtern umgehen?

Wir sollten sie nicht mehr aufs Geratewohl oder ins Blaue hinein, als Füllsel des Diskurses verwenden. Wir sollten ihren Gebrauch wieder auf die ursprünglichen Situationen beschränken, in denen sie entstanden sind. Dann läßt sich überprüfen, ob sie eine andere Bedeutung gewonnen haben. Vor allem aber sollten wir sie im Bad der Kontemplation auffrischen. Dadurch gewinnen sie vielleicht ihre ursprüngliche Kraft zurück, und wir sehen sie wieder im Licht Gottes und in ihrer Bedeutung für den Heilsplan.

Wüste

Kirche in der Wüste bedeutet vor allem, daß die Kirche die Wüste sucht und aus ihr Kraft schöpft. Wenn wir Zeit hätten, diese Täler der Judäischen Wüste zu erforschen, würden wir viele Einsiedlerhöhlen entdecken, zahlreiche Behausungen von Mönchen, die im Laufe der Jahrhunderte hier gelebt haben. In der Geschichte der Christenheit sind Tausende und Abertausende in die Wüste gezogen, um sich von Gott zu nähren und um ihre Kirche zu nähren.

Und auch heute noch blüht das monastische Leben hier in der Judäischen Wüste, in der Wüste Sinai, in den Wüsten Ägyptens und auf dem Berg Athos. Jedes Kloster ist bestrebt, die Erfahrung der Kirche in der Wüste wieder aufzunehmen. Und jeder einzelne von uns ist aufgerufen, im eigenen Leben Kraft aus dem Erlebnis der Wüste zu schöpfen.

Kirche in der Wüste zu sein bedeutet auch, sich um die zu sorgen, die in der Wüste der modernen Gesellschaft als Arme, Außenseiter, Ausgestoßene, Leidende, Vergessene an den Straßenrändern stehen.

In der Wüste sein heißt dann, sich um den zu kümmern, der am Rand steht und verzweifelter und einsamer ist als wir selbst; es heißt, sich als Nächster zu verhalten. In der Wüste wird die Nähe unmittelbarer erlebt, weil man versteht, daß der, der einsamer ist als man selbst, einen braucht. Kirche macht sich zum Nächsten.

Und schließlich heißt Kirche in der Wüste auch, sich der Verfolgung auszusetzen, der Kritik, dem Mißerfolg, der Ohnmacht, der Schwäche. Die Kirche lebt ihre Versuchung der Einsamkeit, der Armut, in der Wüste des Lebens, mit dem Vertrauen auf den Hirten, der nicht zuläßt, daß seine Herde verlorengeht und Hungers stirbt.

Die Kirche lebt in der Wüste im völligen Vertrauen auf ihren Hirten Jesus, der sie durch die Wüsten der modernen Welt geleitet.

Zärtlichkeit

Zärtlichkeit ist achtsame, feinfühlige, konkrete, aufmerksame und freudige Liebe. Zärtlichkeit ist empfindsame Liebe, offen für gegenseitigen Austausch, nicht gierig, nicht verlangend, nicht anmaßend, stark in der Schwäche, wirkungsvoll und siegreich, ohne Waffen und entwaffnend.

Es stimmt, wir reihen diese Adjektive aneinander, weil wir wissen, daß es recht schwierig ist, zu definieren, was Zärtlichkeit ist. Wir spüren aber intuitiv, was sie ist, und wir spüren, daß sie wichtig ist und daß es ohne eine Spur von ihr keine menschliche Kommunikation gibt. Wenn Gott in unserer Vorstellung ein ungestümer und gewalttätiger Gott ist, der seinen Willen als ein unerbittliches Gesetz auferlegt, werden wir nie verstehen, was Zärtlichkeit ist. Und wir werden noch weniger imstande sein, Zärtlichkeit zu leben – weder in der Beziehung zu Gott, noch in der Beziehung zu den Menschen –, und wir werden Gestalten wie Maria und das Jesuskind, in denen sich die Zärtlichkeit Gottes am meisten widerspiegelt, nicht verstehen können.

Zärtlichkeit ist verbunden mit Disziplin und Selbstdisziplin, auch im körperlichen Bereich: Disziplin der Augen, des Herzens, Absage an die Gier der Sinne.

Zärtlichkeit ist verbunden mit dem Mut, auf den anderen im kleinen zuzugehen und Gefühle zu zeigen (ein Lächeln, ein Wort, ein Danke, ein Glückwunsch zur rechten Zeit; ein Angebot: Hier ist die Zeitung; gerne mache ich dir einen Kaffee; möchtest du das Fernsehprogramm?). Zärtlichkeit ist die Weisheit der taktvollen Gesten, die das Gewebe des täglichen Lebens durchwirken. Sie ist die Weisheit und der Mut, eine gefühlvolle Geste zu wagen, was immer ein kleines Risiko ist, da wir nicht wissen können, ob sie nervöse Zurückweisung erfährt oder dankbar angenommen wird.

Zärtlichkeit setzt Kontemplation und Schweigen voraus, in denen die Achtung vor Gott, vor den Menschen, vor der Natur, vor den Dingen erfahren wird. Aus dieser Kontemplation gewinnt die Zärtlichkeit ihre Kraft.

Zeichen des Glaubens

Und durch die, die zum Glauben gekommen sind, werden folgende Zeichen geschehen": „In meinem Namen werden sie Dämonen austreiben; ... wenn sie Schlangen anfassen oder tödliches Gift trinken, wird es ihnen nicht schaden; und die Kranken, denen sie die Hände auflegen, werden gesund werden" (Mk 16,17f).

Die Zeichen, welche die begleiten werden, die zum Glauben gekommen sind, sind demnach nicht unmittelbar religiöser Art (in die Kirche gehen, beten), es sind Zeichen aus dem bürgerlichen, menschlichen und gesellschaftlichen Bereich. Es sind Zeichen eines Lebens der Gewaltlosigkeit. Sie sind Zeichen und Anleitung, mit Widerständen so umzugehen, daß sie nicht in offensiver oder polemischer Weise, sondern in völliger Friedfertigkeit, in der Wehr- und Waffenlosigkeit des Friedens überwunden werden.

Die zahlreichen Berufungen, für den Frieden tätig zu werden, die Sanftheit des Evangeliums zu wählen, Böses nicht mit Bösem zu vergelten, nicht den Angriff vorzubereiten gegen den, der uns angreift oder angreifen könnte, sind deshalb ein wunderbares Zeichen der Zeit.

Es ist das neue Leben in Christus, das hier sichtbar wird, das Zeugnis, daß Jesus der Herr der Geschichte ist und eine neue Generation von Männern und Frauen schafft, denen es vor allem um den Frieden geht – dieser Friede beginnt mit der Vergebung in den kleinsten Dingen des Lebens – und nicht um Aggressivität und Polemik.

Es sind Signale einer Prophetie des Friedens, eines Handelns, das die Kriege unwirksam macht. Es sind die Signale einer Prophetie der Abrüstung, die die Vergeblichkeit der Waffen zeigt. Es sind die Zeichen des Vertrauens in die Kraft der Wahrheit, die Frieden und nicht Krieg schafft, die die Herzen vom Gift der Gewalt befreit und heilt.

Auch wenn wir keine Schlangen anfassen und nicht den Mut haben, tödliches Gift zu trinken, so wissen wir doch, daß wir in der Wehrlosigkeit Christi, in der Kraft seines Kreuzes, stark sind.

Zeit

„Der Herr behüte dich, wenn du fortgehst und wiederkommst, von nun an bis in alle Ewigkeit" (Ps 121,8). Der Gott der Bibel kümmert sich um die Zeit des Menschen und wacht über uns in der Abfolge der Geschehnisse: „Wie ich über sie gewacht habe, um auszureißen und einzureißen, zu zerstören, zu vernichten und zu schaden, so werde ich über sie wachen, um aufzubauen und einzupflanzen – Spruch des Herrn" (Jer 31,28). Jeder einzelne Zeitabschnitt wird beschützt und bewacht von der Treue seiner Liebe.

Das Wachen Gottes über die Zeit, daß er der Hüter der Zeit ist, gibt ihr unaussprechliche Würde und unsagbaren Wert. Die Zeit des Menschen ist der siebte Tag Gottes, von dem es in der Schöpfungserzählung heißt, daß er heilig ist: „Und Gott segnete den siebten Tag und erklärte ihn für heilig" (Gen 2,3).

Es ist die Zeit, in der der Vater wacht und auf die Rückkehr des verlorenen Sohnes wartet, damit er nicht für immer verloren ist.

Die Zeit ist kein leerer Raum, kein neutraler Ort, sondern sie ist Teilhabe am Leben Gottes, sie hat ihren Ursprung in Gott, sie kommt von Gott und ist in jedem Augenblick offen auf Gott hin. Die Zeit ist der Reflex des Ursprungs, der Gegenwart und der Zukunft seiner ewigen Liebe.

Die Zeit ist aus der Dreifaltigkeit hervorgegangen. Sie wurde mit der Erschaffung der Welt geschaffen. Sie entfaltet sich im Schoß der Dreifaltigkeit, denn alles, was existiert, existiert in Gott, in dem wir leben, uns bewegen und sind (vgl. Apg 17,28). Und ihr Ziel ist die Verherrlichung der Dreifaltigkeit, dann wird alles im Sohn vereint sein und von ihm dem Vater übergeben werden, damit Gott herrscht über alles und in allem (vgl. Eph 1,10; 1 Kor 15,28).

Die Zeit ernsthaft leben heißt in der Dreifaltigkeit leben.

Aus der Zeit zu fliehen versuchen heißt aus dem göttlichen Schoß, der uns umfaßt, fliehen zu wollen. Das Christentum ist nicht die Religion der Erlösung von der Zeit und der Geschichte, sondern die Religion der Erlösung der Zeit und der Geschichte.

Zurechtweisung

„Wen ich liebe, den weise ich zurecht und nehme ihn in Zucht" (Offb 3,19). Wer nur wenig liebt, ist zu wirklicher Zurechtweisung nicht imstande. Er lamentiert, er wird ausfällig, er straft mit Schweigen oder mit feindseliger oder resignierter Klage. Aber die direkte, offene Zurechtweisung schafft er nicht, weil sein Herz kraftlos oder selbst von Schuldgefühlen beschwert ist.

Wie können auch Eltern ihre Kinder ernsthaft in einer Sache zurechtweisen, die sie in ihrem eigenen Leben zu meiden nicht schaffen?

Zurechtweisen bedeutet nicht, dem anderen die Schuld ins Gesicht zu schleudern, wie man ein Gewicht abwirft. In der angeführten Stelle aus der Geheimen Offenbarung hat das griechische Wort das Bedeutungsspektrum von überführen, widerlegen, tadeln, beschuldigen, das Unrecht beweisen.

Zurechtweisen heißt die falschen Sicherheiten entlarven, die falschen Begründungen hinterfragen, unechte Legitimationen falschen Verhaltens bestreiten. Das alles ist viel mehr als ein einfacher Verweis oder eine Schelte, mit der wir uns oft begnügen, uns dann aber beschweren, daß sie keine Wirkung hat. Damit eine Zurechtweisung überzeugend und zugleich bescheiden wirkt, braucht es viel Liebe, Verständnis und auch viel Überlegung.

Inhalt